中公新書　2781

青野利彦著

冷戦史（上）

第二次世界大戦終結からキューバ危機まで

中央公論新社刊

はしがき

二〇二二年二月、ロシアがウクライナに侵攻した。これに先立つ一〇年ほどの間、アメリカとロシア、そして中国の間では対立が深まり、「新冷戦」が始まったといわれるようになっていた。

なぜ現在の米ロや米中の対立は「新」冷戦なのだろう。それは、かつて「冷戦」とよばれた時代があったからだ。第二次世界大戦の終結後、アメリカとソヴィエト社会主義共和国連邦（ソ連）は厳しい対立関係へと陥った。アメリカは西欧諸国や日本とともに西側陣営を、ソ連は東欧諸国や中国、北朝鮮やベトナムとともに東側陣営を形成した。当初はヨーロッパを中心に展開した対立は、アジアや中東、中南米、アフリカへと拡大していき、グローバルな様相を呈するようになる。米ソ、そして両国を盟主とする東西陣営間の対立が世界政治の行く末を大きく左右した時期――「冷戦期」――は一九四六年ごろから一九九〇年ごろまで続いた（実はこの冷戦期にも、一九七〇年代末から八〇年代初めにかけて「新冷戦」とよばれた時期があった。この点は本書の第9章を読んでいただきたい)。

冷戦は日本の政治・経済・社会にも大きな影響を与えた。アジア・太平洋戦争で焦土と化した日本が、その後、数十年のうちに経済大国となったことも冷戦と無縁ではない。日本を冷戦対立の重要な同盟国と見たアメリカが、軍事的に庇護《ひご》し、経済の復興・発展を後押ししたことが日本の経済的躍進に大きく貢献したからだ。また、米ソが保有する核兵器は、一九五〇年代の終わりまでには地球を何回も破壊できるほどの規模に達していた。冷戦は、私たち一人一人の命を左右する出来事であった。

冷戦が終結してすでに三〇年が経過した。では、なぜ今、冷戦の歴史を知る必要があるのだろうか。それは、二一世紀の私たちの目の前で生じている、多くの国際問題の背景に冷戦があるからだ。

現在の日本が直面している朝鮮民主主義人民共和国(北朝鮮)の核問題を例にとってみよう。アメリカや日本は北朝鮮に核兵器の放棄を迫る一方、北朝鮮はアメリカの敵視政策への自衛手段として核兵器やミサイルの開発を正当化している。この問題の背後には、冷戦のなかで発生した朝鮮戦争(一九五〇~五三年:第3章)がある。朝鮮戦争は五三年に休戦協定が締結されて終了した。しかし、成立したのはあくまで「休戦」であって、正式には終結されなかった。その後、一九七〇年代に米中和解(第8章)が始まると、北朝鮮は、中国の外交的支援を頼みに在韓米軍撤退の可能性を探った。だがこれに失敗して中国に幻滅すると、アメリカとの直接交渉へと傾斜していった。さらに、冷戦末期にソ連が韓国に接近する一方、北朝鮮への支援を削減し始めると、孤立感を深めた北朝鮮は核開発へと向かった（第11章）。こうした冷戦期の出来事が、現在の核問題へと連綿とつながっているのである。

これは、冷戦が現在の国際情勢に与えた影響の、ほんの一例に過ぎない。しかし、現在の国際情勢を見る際に、冷戦という歴史的背景に目を向けることの重要性が分かるだろう。

こうした考えを念頭に、本書は、学生や一般読者に向けて、冷戦史の概要を分かりやすく描こうとするものである。序章でも述べるように、冷戦史研究は、一九九〇年代以降大きく進んだ。本書では、この新しい研究成果を取り入れて、冷戦の複合的な性格を明らかにしていく。例えば、「超大国」とよばれた米ソのみならず、同盟諸国や第三世界諸国、また一九八〇年代初めの反核運動のような非国家主体が冷戦の展開に与えた影響についても目を向けていく。

冷戦は、時代や地域によって様々な側面を持ち、世界中に影響を与えた出来事であった。上下巻から構成される本書は、新書としては大部かもしれない。それでもこの書物で冷戦のすべてを論じ尽くしたとは到底いえない。だが、重要な事実を選択しつつ、冷戦の重層的な性格を、なるべく分かりやすく伝えるように努めた。なお本書では、冷戦と日本の関係について考えるための端緒となることを期待して、冷戦史の概説書では通常あまり言及されない、東アジアにおける冷戦の展開、特に戦後日本外交の重要なトピックを、より広いグローバルな冷戦の文脈で記すように心がけた。

多くの読者にとって本書が、冷戦の歴史について知り、また、現在を大きな歴史の流れのなかで俯瞰《ふかん》的に見るための一助となれば幸いである。

＊参考文献は下巻にまとめて掲載した。

冷戦史（上）目次

地図作成◎地図屋もりそん

【下巻目次】

1955、91 解消
ワルシャワ条約機構
ソ連、ポーランド、東ドイツ、チェコスロヴァキア、ハンガリー、ルーマニア、ブルガリア、アルバニア（68脱退）
1950、80解消
中ソ友好同盟相互援助条約
1961、96失効
ソ朝友好協力相互援助条約
中朝友好協力相互援助条約
1961
米比相互防衛条約
1951
中東条約機構（METO）
1955、59 中央条約機構（CENTO）と改称、79解消
イギリス、イラン、トルコ、パキスタン、イラク（59脱退）
東南アジア条約機構（SEATO）
1954、77 解消
アメリカ、イギリス、フランス、オーストラリア、ニュージーランド、タイ、フィリピン、パキスタン（73脱退）
太平洋安全保障条約（ANZUS）
1951
アメリカ、オーストラリア、ニュージーランド

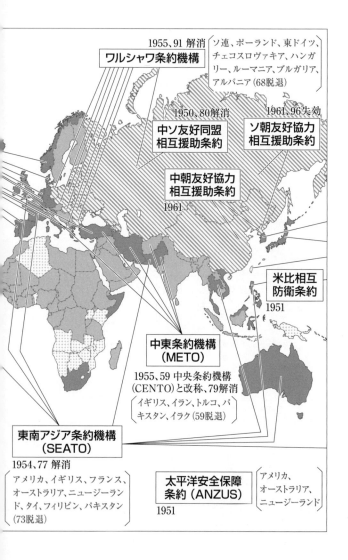

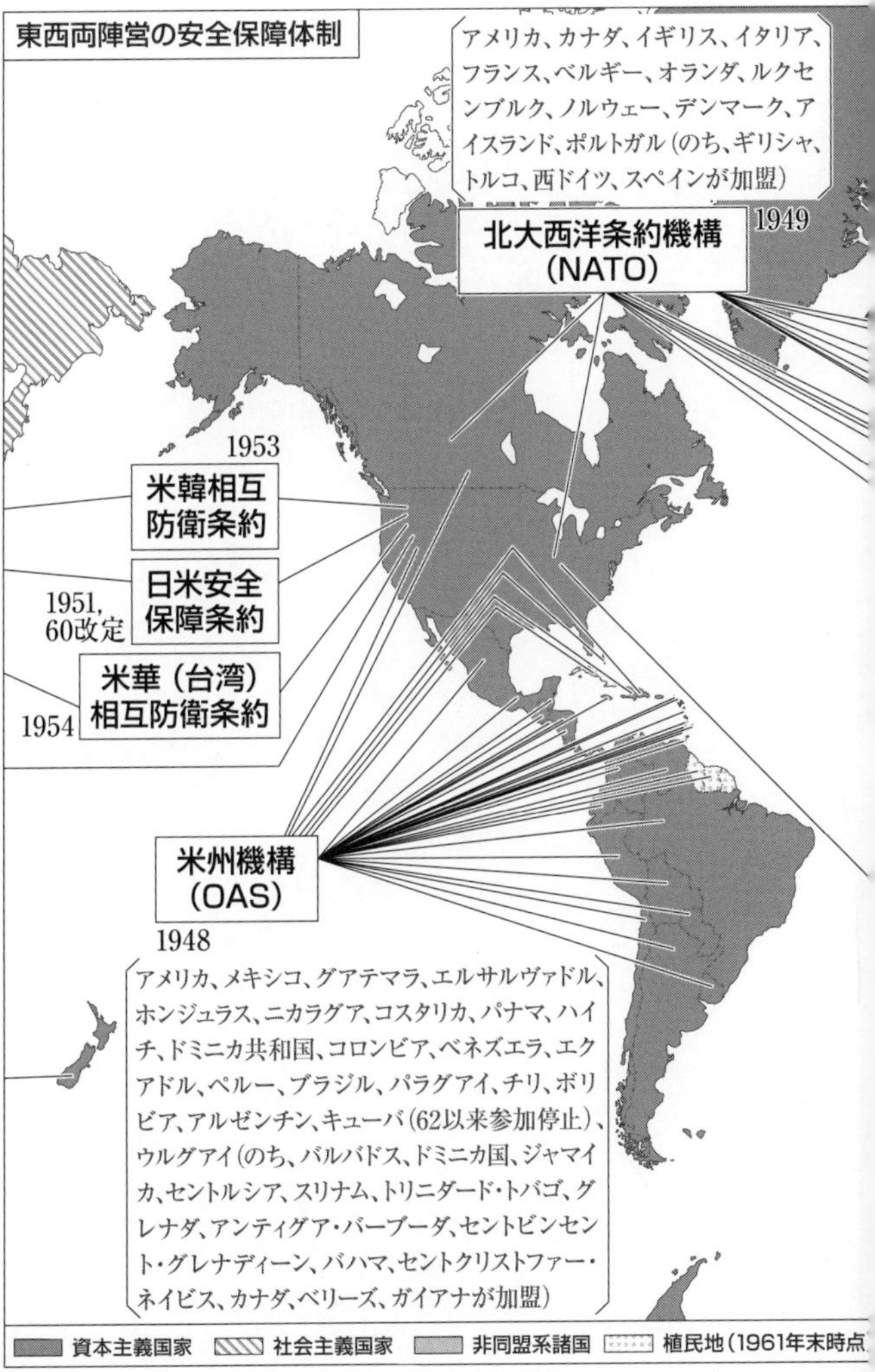
東西両陣営の安全保障体制
アメリカ、カナダ、イギリス、イタリア、フランス、ベルギー、オランダ、ルクセンブルク、ノルウェー、デンマーク、アイスランド、ポルトガル（のち、ギリシャ、トルコ、西ドイツ、スペインが加盟）
1949
北大西洋条約機構（NATO）
1953
米韓相互防衛条約
1951, 60改定
日米安全保障条約
1954
米華（台湾）相互防衛条約
米州機構（OAS）
1948
アメリカ、メキシコ、グアテマラ、エルサルヴァドル、ホンジュラス、ニカラグア、コスタリカ、パナマ、ハイチ、ドミニカ共和国、コロンビア、ベネズエラ、エクアドル、ペルー、ブラジル、パラグアイ、チリ、ボリビア、アルゼンチン、キューバ（62以来参加停止）、ウルグアイ（のち、バルバドス、ドミニカ国、ジャマイカ、セントルシア、スリナム、トリニダード・トバゴ、グレナダ、アンティグア・バーブーダ、セントビンセント・グレナディーン、バハマ、セントクリストファー・ネイビス、カナダ、ベリーズ、ガイアナが加盟）
資本主義国家
社会主義国家
非同盟系諸国
植民地（1961年末時点）
出典：柴田三千雄・木谷勤『世界現代史』339頁をもとに作成

冷戦史（上）

第二次世界大戦終結からキューバ危機まで

序　章　冷戦をどのように見るか

どのような時代だったのか

冷戦は第二次世界大戦後から一九九〇年ごろまでの国際関係を大きく規定した出来事であった。一般的に冷戦は次のように理解されてきたといってよい。

冷戦は、アメリカとソ連を盟主とする東西二つの陣営の間の、地政学的な利益とイデオロギー（政治・経済体制の原理）をめぐる対立であった。冷戦期にアメリカとソ連は「超大国」とよばれるほど、突出した軍事・政治・経済的なパワー（国力）を持っていた。両国はそれぞれ、自由民主主義および資本主義、そして共産主義・社会主義という、人類にとって普遍的な価値を持つイデオロギーを体現する国家だと自任していた。そして、自国のイデオロギーを世界に伝播させ、敵対的な他のイデオロギーを標榜《ひょうぼう》する勢力からそれを守ることを歴史的使命だと見ていたのである。

米ソのイデオロギーは相矛盾するものであり、しかも、第二次世界大戦後の世界には、お互い以外には自国の安全を脅かす強国は存在しなかった。それゆえ両国は、相手を軍事的脅威であると同時に、イデオロギー的な敵であると見て、安全確保のために様々な手段で対抗していった。

当初、主にヨーロッパをめぐって始まった米ソ対立は、次第にグローバルなものとなっていった。両国は友邦を求めて同盟網を拡大し、東西二つの陣営を形成した。また、第三世界とよばれたアジア、中東、中南米、アフリカなどの地域紛争や地域対立にも介入していった。さらに、米ソは、核兵器の開発と配備を進め、両国間では激しい核軍拡競争が発生した。こうした厳しい対立にもかかわらず、少なくとも米ソ間やヨーロッパでは、実際に戦争が行われることはなかった。それゆえ、この対立は「冷たい戦争」、すなわち冷戦とよばれたのである。

冷戦史——冷戦の歴史——に関する研究は冷戦期から始まっていた。冷戦期の国際システムは「二極構造」であったとされる。米ソ超大国が、軍事力・経済力といった物質的なパワーにおいても、それをもとに行使した政治的影響力の面でも他の国々を圧倒していたからだ。それゆえ、究極的には冷戦の展開と結末を左右するのは米ソのみであり、米ソ以外の国々は超大国から一方的に意志を押しつけられる「客体」だと考えられてきた。

すなわち、冷戦史は長らく「米ソ対立の歴史」として捉えられてきたといえる。このような見方は、一九六〇年代の終わりに機密解除された、冷戦初期のアメリカ政府文書に基づく歴史研究によって補強された面がある。研究者たちは大量の文書を綿密に分析して、アメリカ政府の指導者たちがどのようにソ連や東側陣営を認識し、対抗しようとしたかを詳細に明らかにしてきた。これによって冷戦史研究は大きく進展したが、その反面、「アメリカの対ソ・東側政策の歴史」が「冷戦史」のメイン・ストーリーになってしまった部分が拭えない。反対側の当事者であったソ連はおろか、世界の様々な国々や政治勢力の観点や動きが捨象されがちになったのだ。

冷戦の終焉をきっかけに、冷戦の捉え方は大きく変わり始める。すでに一九八〇年代から、イギリスやフランス、西ドイツ、日本など、西側諸国の政府文書が公開され始めていた。だがそれ以上のインパクトを与えたのは、冷戦が終結したことで利用可能になった旧ソ連・東欧諸国の文書である。冷戦期には、秘密主義の強い東側諸国の世界観や政策決定については、公式声明などを分析して推測するしかなかった。新しい文書のおかげで、これを内部資料に基づいて検討することが可能になった。また冷戦後には、第三世界諸国の文書も、程度の差こそあれ研究で利用できるようになった。

新史料の登場によって冷戦史研究は新しい段階に入った。米ソ関係をソ連の目線から見ることが可能になっただけでなく、東西双方の同盟内政治の力学や、第三世界諸国のようなパワーの小さい主体が冷戦に与えた影響を、より精密に捉えることが可能となったからだ。

例えば、本書でも扱うように、一九四〇年代のイギリスの対米外交や、六〇年代のフランス独自の緊張緩和（デタント）外交、中国大陸における国共内戦や朝鮮戦争、エジプトをめぐるスエズ戦争など、冷戦期の多くの個別事象について前述したような点が、少しずつ、だが着実に解明されてきた。

個別事象に関する新しい研究成果を利用して冷戦史の全体像を——ちょうどジグソー・パズルのピースを組み立てて大きな絵を作り上げるように——描き直そうとする書物の出版も、二〇一〇年以降は相次いでいる。「米ソ関係の歴史」や「アメリカ外交の歴史」として研究が進んできた冷戦史は、様々な国家や政治主体の間の相互関係を捉える「国際関係史」として描き直されつつある。

国際システムとしての冷戦

本書もまた、近年の歴史研究の成果に依拠しながら、重層的な構造を持つ国際関係史として冷戦を描き直す試みの一つである。冷戦は世界各国の外交と内政に大きな影響を与えた。ノルウェイ出身で冷戦史の世界的権威であるイェール大学のオッド・A・ウェスタッドが指摘するように、冷戦は「世界のおもな大国のすべてが何らかのかたちで冷戦との関係に基づいて外交政策を定めていたという意味で（中略）一つの国際システムを構成していた」。ただし、注意しなければならないのは、影響力のベクトルが決して一方向ではなかったことだ。国際政治における様々な行動主体を国際政治学の用語で「アクター」とよぶ。米ソが冷戦における最も重要なアクターであったことはまちがいない。だが、近年の研究は米ソ以外の様々なアクターの行動が、米ソ対立のみならず、冷戦全体の行方にも影響を与えたことを示している。国際システムとしての冷戦は、多様なアクターの行動の相互作用から生じたのだ。

そこで本書では、前述したウェスタッドの議論を敷衍《ふえん》して、「世界の数多くのアクターが、何らかの形で米ソ対立を念頭に置きながら自らの目標や利益を定め、それを実現・防衛するための政策を進めようとしていた」という意味で、冷戦は一九四〇年代後半から九〇年代初頭までの国際システムを構成していたと捉える。そして、国際システムとしての冷戦が形成・変化・終結する過程を「二つの対立軸」と「四つの地域」という視点から描いていく。

地政学的利益とイデオロギー

冷戦が「地政学的利益」と「イデオロギー」の二つの対立軸をめぐるものであったことは長らく指摘されてきた。また、どちらがより本質的だったのかという議論も戦わされてきた。

この問題について、国際政治学の主流を占めてきたリアリズム（現実主義）とよばれる見方をとる論者は、主権国家の行動を規定する最も重要な要因はパワーであるとして、イデオロギーが国家の対外行動の決定において果たす役割を軽視する傾向が強い。むしろ国家は、そのパワーの拡大に役立つ「地政学的利益」――具体的には、他の国家とのパワー・バランス、軍事力の確保、戦争になった時に重要な戦略的要衝や軍事基地、石油のような戦略資源の確保、同盟の形成など――を重視するとされる。それゆえ、イデオロギーは具体的な地政学的利益の追求を正当化するための「レトリック」に過ぎないとする見方もある。

しかし、近年の冷戦史研究では、冷戦期に東西双方のみならず、第三世界まで含めて、多くの国家や政治勢力の世界観や行動決定にイデオロギーが与えた影響が強調されている。イデオロギーにレトリックとしての面があったことはまちがいない。だが、様々なアクターがイデオロギー的な目的を真剣に実現しようとしていたことも、また確かである。本書でも、イデオロギーを「国家の政治・経済体制の原理」という意味で用い、冷戦においてイデオロギーが果たした役割を描いていく。

例えば、第二次世界大戦後のアメリカは、自国のイデオロギーが強く投影された戦後国際秩序を形成しようとした。ソ連はしばしば地政学的利益を確保するための行動をとったが、全世界の共産主義革命という究極目標は冷戦後期まで決して放棄されなかった。東西ヨーロッパ諸国もそれぞれ米ソとイデオロギーを共有し、相手陣営を脅威と見なしていた。また、一九五〇年代末以降、ソ連と中華人民共和国（中国）の間では、共産主義・社会主義イデオロギーの正統な担い手の地位をめぐる対立が深刻化した。

また第三世界でも様々な政治勢力が、米ソのイデオロギーを自らが打ち立てる新しい国家の「モデル」と見なし、米ソの支援を得ながらこれを実現すべく互いに争った。米ソにとっても、第三世界で自らと同じイデオロギーを持つ国家の数が拡大することは、自国のイデオロギーの正しさを証明する意味を持った。

つまり、米ソやその同盟国は、自身のイデオロギーを「守るべき価値」「伝播すべき価値」と考え、イデオロギーを共有しているか否かを基準に敵と味方を区別したのである。また、欧米の帝国主義支配から脱して新国家を打ち立てようとする勢力にとって、それは「実現すべき価値」であった。冷戦期の様々なアクターは「価値」としてのイデオロギーをめぐって争ったのだ。

ただし、冷戦期のアクターの行動をすべてイデオロギーで説明できるわけではない。例えば、アメリカのフランクリン・D・ローズヴェルト大統領は反共主義者であったが、地政学的な利益の面でソ連に譲歩することで、米ソ協調を維持しようとした。それは、アメリカのイデオロギーに基づく戦後国際秩序を形成するためであった。冷戦史の様々な局面において、各アクターは、イデオロギー的目的と地政学的利益のバランスをいかにとるか、その都度判断しながら行動していた。本書では、このような各アクターの行動と、それがより大きな冷戦の展開に与えた影響を描いていきたい。

イデオロギーの優劣をめぐる競争

イデオロギーをめぐっては、もう一つ重要なことがある。冷戦期には、「価値」をめぐって争った個々のアクターの勝ち負けが、総体として二つのイデオロギーそれ自体の優劣を示すと考えられたことだ。

本書の第9章でも指摘するが、イデオロギーの優劣をめぐる競争は一九八〇年代の中ごろまでに、ほぼ決着がついていた。共産主義イデオロギーに基づく国家建設を進めてきた中国や第三世界諸国が、国家が主導するソ連型の計画経済体制を放棄し、西側諸国のような市場を重視する手法での経済改革に着手したのだ。

その背景にあったのは、第二次世界大戦後の国際経済構造の変化――七〇年代初めごろからその様相を呈し始め、二一世紀の私たちが目のあたりにしているグローバル市場経済への移行である。八〇年代に中国や第三世界の社会主義国が、経済面において社会主義を放棄したのは、グローバル市場経済に適応することで経済発展を達成しようとしたからであった。

冷戦におけるイデオロギー対立の意味について考えるため、本書では第8章の最終節で第二次世界大戦以降の国際経済構造の変化について俯瞰する。そのうえで経済的変化と冷戦の終わりの関係についても明らかにしていく。

超大国・ヨーロッパ・東アジア・第三世界

本書ではもう一つの視点として、(一)米ソ超大国、(二)ヨーロッパ、(三)東アジア、(四)第三世界という「四つの地域」を設定する。そのうえで、各地域における冷戦の展開だけでなく、ある地域における事態が別の地域に与えた影響についても明らかにしていく。

また、各地域間での相互作用がグローバルな冷戦にもたらした影響や、反対にグローバルな冷戦の展開が各地域内の動きにフィードバックされていく様子についても見ていきたい。

すなわち本書では、各地域内におけるアクターの行動という「ミクロ」な動向と、グローバルな冷戦という「マクロ」な動向の相互作用のイメージで、冷戦期国際システムの歴史を追いかけていく。

このような「地域の視点」は、近年出版された冷戦史に関する書物のいくつかでも採用されている。その多くは「米ソ（超大国）」と「ヨーロッパ」を冷戦の「中心」、第三世界を「周辺」と捉え、「中心」と「周辺」の間の相互作用を描こうとしている。

本書も「中心」「周辺」の相互作用の視点を取り入れている。だが本書は、分析対象となる地域の一つに「東アジア」を設定する点で他の書籍とは大きく異なる。

古いものから新しいものまで、冷戦史の全体を描く著作は多い。だが、欧米で出版されたもので、東アジア冷戦の動向――とりわけ戦後日本外交の展開――を重視する書物は少ない。朝鮮戦争を契機に対日講和が進んだことを除けば、日本への言及は極めて少ない。少し視野を広げて東アジアを見渡してみても、朝鮮戦争以降、朝鮮半島における事態の展開が叙述されることはほとんどない。中国についてはさすがに、二度にわたる台湾海峡危機、中ソ対立、米中和解などが必ず言及される。それでも米ソ関係やヨーロッパに関する記述と比べて、東アジアへの言及はかなり少ない。特に、冷戦終焉期の東アジア冷戦や日本外交が分析されることは希《まれ》である。

だが、このことは、冷戦終結が東アジアや日本に影響しなかったことを意味しない。朝鮮半島や台湾海峡をめぐる緊張、日ロ間の北方領土問題など、今の日本を取り巻く国際的課題の多くは冷戦期にその発端を求めることができる。だとすれば、東アジアの国際情勢と戦後日本外交を冷戦史の一部として描くことには大きな意義があるはずだ。

本書の構成

本書は、ほぼ時系列に沿って記述される一一章と終章からなる。第1章では、米ソがイデオロギー国家として国際舞台に登場し、後に第三世界とよばれる地域で反植民地主義が台頭する過程を追跡することで、冷戦の背景を描く。本書の本体である第2章から第11章では、一九四〇年代半ばから九〇年代初めに至るグローバルな冷戦史の流れが、四つの地域での事態が互いに影響しながら作り出されていくさまを紡ぐ。

なお、第8章の最終節では、各地域の政治・軍事的な対立の背後で進展していた、第二次世界大戦後の国際経済の変化について見取り図を示す。こうした国際経済の変化と相まって、四つの地域の間で、冷戦の「終わり方」とタイミングに違いが生まれたことを詳細に記すため、第10章と第11章を冷戦の終焉過程の叙述にあてる。そして終章では、冷戦史全体を俯瞰的に見たうえで、「冷戦とは何だったのか」という問いに、筆者なりに回答してみたい。

第1章

一八世紀末から二〇世紀前半の世界

ロシア十月革命で演説するレーニン（1917年10月）

序章で見たように、冷戦は突出した国力と普遍的なイデオロギーを持つと自任するアメリカとソ連、そして両国をそれぞれのリーダーとする東西両陣営の間で生じた。二つの陣営に属する国々は、イデオロギーを共有する共同体に帰属していると考え、相手陣営を脅威と見なしていた。当初ヨーロッパを中心に高まった対立は次第にグローバルなものへと拡大していく。それは、第二次世界大戦以前には欧米や日本の帝国主義的な支配のもとにあった、後に第三世界とよばれた地域に米ソが介入していったからである。

米ソが標榜するイデオロギーとはどのようなものだったのか。なぜ、米ソが第二次世界大戦後に大きな影響力を持つようになったのか。第三世界はどうして米ソによる介入の対象となったのか。本章では、冷戦の背景として重要なこの三点を、アメリカが建国された一八世紀末から、第二次世界大戦までの歴史を振り返りながら確認していく。

1 イデオロギー国家としての米ソ

アメリカの自由民主主義・資本主義

イギリスの植民地であったアメリカは一七八三年に独立を達成した。一七七六年の独立宣言では、すべての人間は平等であり、生命・自由・幸福追求の権利という基本的人権を享受することが唱えられた。同宣言はさらに、これらの諸権利を確保するため、被治者の合意に基づいて政府に正当な権力が授けられるとしてイギリス王政を否定した。ヨーロッパのほとんどが君主による専制統治下にあった当時、共和国として誕生したアメリカは例外的な存在であった。そして、民主的な政治決定を確保するため、大統領が行政権、連邦議会が立法権、連邦裁判所が司法権をそれぞれ握る、厳格な三権分立の政治制度が採択された。

この共和制のアメリカで最も重視されたのは「自由」の概念である。それは、個人の自由を権力から守り、また市場における個人や企業の経済活動に対する政府の介入を排除することを主張するものであった。ただし、実際には、新国家アメリカが自由を享受する主体として想定していたのは一定以上の財産を有する白人男性のみであった。建国当時のアメリカには南部を中心に黒人奴隷制が存在していたし、先住民や女性には市民として政治参加する権利は付与されていなかった。

黒人奴隷制が大きな争点の一つとなった南北戦争（一八六一～六五年）が終結した後、アメリカでは自由放任経済のもとで工業化が進展した。そして一九世紀末までには英独を抜いて世界最大の工業国となる。その反面、資本主義経済の発展は大きな問題をもたらした。独占的な大企業が発展し経済格差が拡大した。労働争議も頻発し、児童労働や都市と農村の経済格差なども問題となった。さらに一八九三年にアメリカは、建国後初めての大不況に見舞われた。こうした状況を改善するうえで政府が果たす役割への期待が高まり、二〇世紀初めからは次第に政府の役割が拡大していく。だが、市場経済に対する政府の介入への忌避《きひ》感は、それ以降もアメリカのイデオロギーの根幹に存在し続けた。

ソ連のイデオロギーとしての共産主義

アメリカのイデオロギーと正反対の考えに立つのが、後にソ連が国家として体現しようとした共産主義である。共産主義は、社会主義とよばれる思想のなかに含まれる。社会主義思想には様々な歴史と系譜があるが、後の歴史に最も大きな影響を与えたのがカール・マルクスとフリードリヒ・エンゲルスの思想である。

『共産党宣言』(一八四八年)や『資本論』(最初の巻は一八六七年)といった書物を著したマルクスとエンゲルスは、生産手段——生産活動に必要な資源——を所有する資本家が多くの労働者を搾取し、貧困や失業、周期的な恐慌を引き起こす資本主義経済の問題点を指摘した。そして私有財産制を廃止して生産手段を社会的所有とし、経済活動を計画的に管理することを主張した。また、マルクスとエンゲルスは社会主義への転換は、労働者階級(プロレタリアート)が国境を越えて団結し、資本家階級(ブルジョアジー)を打倒する「革命」によってのみ達成されるとして国際的な労働者階級の連帯を説いた。労働者の革命によって社会主義国家が成立し、それがさらに発展すれば、ある階級が他の階級を統治する仕組みである国家それ自体も死滅して、労働者の自治共同社会が実現する共産主義の段階に達すると考えられたのである。

実際には一九世紀後半以降の社会主義運動の中心的な担い手となったのは、議会政治を通じて労働者階級の地位や生活状況を斬新的に改善することをめざした社会民主主義者であった。穏健な方法での社会改良を求めた多数派に対し、マルクス主義を信奉し暴力的な革命を志向する少数派は、『共産党宣言』に倣《なら》って自らを共産主義者とよんだ。彼らにとってブルジョアジーによる市民革命を経て誕生した議会制民主主義とは、ブルジョアジーのためのものでしかなかった。それゆえ共産主義者たちは、国際的に連帯して階級闘争と革命を推し進め、「真の」民主主義たる「プロレタリア民主主義」を打ち立てようとしたのである。

第一次世界大戦末期の一九一七年、ウラジーミル・レーニンを中心とするロシアの共産主義者が主導したロシア革命により、ロシア社会主義連邦ソヴィエト共和国が誕生した（レーニンは、新しい国家は、まだ共産主義には達していない、社会主義の段階にあると考えていた）。一九二二年には、ロシア、ウクライナ、ベロルシア、ザカフカス連邦（グルジア、アルメニア、アゼルバイジャン）によるソヴィエト社会主義共和国連邦（ソ連）が形成される。

ソ連は、共産党一党支配のもと、計画経済を進める国家となった。社会改革をめざす思想・運動であった社会主義は、ソ連の誕生によって初めて実態ある国家の形をとるに至った。その結果、ソ連は世界各地の共産主義者にとってめざすべき「モデル」となった。

一九一九年には、世界各国の共産主義政党の統一組織であるコミンテルン（共産主義インターナショナル）が設立された。これにより各国の共産主義政党は、ソ連共産党を中心とするコミンテルンの指導に基づいて全世界で社会主義革命を進めるとされた。ロシア革命を経てソ連は、国際共産主義運動を指導し、世界革命を推進する使命を自らに課す国家となったのである。

国際主義へ転換するアメリカ

ソ連が誕生した一九一七年は、英仏独露といったヨーロッパの大国を中心とした国際社会にアメリカが主要プレーヤーとして登場した年でもあった。

一八世紀末の建国以来、アメリカは、ヨーロッパ大国間の国際政治には関わらないという孤立主義政策をとってきた。それは、一面ではアメリカの国力を考慮した安全保障政策であった。建国の指導者たちは、アメリカよりも強力なヨーロッパ諸大国の政治から距離を置くことで、揺籃期の「弱い」アメリカを守ろうとしたのだ。

孤立主義は、当時のアメリカ人が持つ自己イメージを映し出すものでもあった。彼らは、自由と民主主義に基礎を置くアメリカの新しい政治原理や政治体制は、全人類にとって普遍的な意味を持つもので、専制君主や貴族が大多数の人民を一方的に支配するヨーロッパのそれとは異なると考えていた。つまり孤立主義政策は、「邪悪」でヨーロッパ的なものが、「無垢」で「清廉」なアメリカを「汚染」することを防ぐため、ヨーロッパとは関わらないという考えの表れでもあった。

だが一九世紀末にはアメリカの対外方針に変化が現れ始める。建国以降、アメリカは西部を開拓し、国内市場を拡大することで工業化と経済発展を達成してきた。しかし、前述したようにアメリカは一八九三年に大不況に襲われ、様々な政治・経済・社会問題に直面した。その結果、積極的な海外進出を求める声が強まった。興味深いのは、海外進出がアメリカのイデオロギーと関連づけて議論されたことだ。海外市場を獲得して経済を回復し、政治・経済問題を解消しなければ、自由で民主的なアメリカの政治体制は維持できないというのだ。

こうした声の拡大を背景に、一九世紀末からアメリカは次第にカリブ海地域、太平洋、アジアへの関与を強めていく。だが本格的な国際政治の舞台への登場は、第一次世界大戦まで待たなければならなかった。

一九一四年に第一次世界大戦が勃発すると、しばらくの間、ウッドロー・ウィルソン大統領は中立政策をとる。しかし、一九一七年の初めウィルソンはついに参戦を決意した。同年四月、議会に対独宣戦布告決議を求めたウィルソンは、この戦争は「世界を民主主義にとって安全にする」ための戦いだと訴えて参戦を正当化した。議会もこれに圧倒的多数で応え、アメリカはヨーロッパ戦争に参加する。翌一八年一月、ウィルソンは戦後国際秩序の形成に関する「一四カ条の原則」を発表した。これは、公開外交の原則、貿易自由化の促進、軍縮の進展、自決権(「民族自決の原理」ともよばれる)などを訴え、平和維持と相互の安全保障のために国際連盟の設立を提案するものであった。

「一四カ条」にはウィルソンの国際政治思想が大いに投影されていた。大戦でヨーロッパ経済が低迷するなかアメリカは輸出を伸ばしてさらに経済力を強化していた。孤立主義時代の「弱い」国はいまや世界最大の強国となっていた。だとすればアメリカは、自由貿易や民主主義、協調的な国際関係といった、アメリカが体現する普遍的価値、つまりイデオロギーに基づく国際秩序を形成すべくパワーと指導力を発揮するべきではないか。このような考え方は「ウィルソン主義」とか「国際主義」などとよばれ、これ以降のアメリカ外交を方向づけていく思想となる。

帝国主義の時代

イデオロギー的な国家として米ソが国際舞台に登場した影響はヨーロッパにとどまらなか

った。それは、欧米や日本の帝国主義的支配のもとにあったアジアや中東、アフリカなどの反植民地主義にも多大な影響を与えた。

一九世紀末の最後の二〇年は、「帝国主義の時代」とよばれる。一八七六年から一九一四年までの間に、それ以前から植民地保有国であった英仏に、独伊やベルギー、アメリカ、日本が加わった。ポルトガルやスペイン、オランダなどがすでに領有していた植民地を合わせると、地球上の総面積の半分、世界人口の三分の一が住む土地が第一次世界大戦までに植民地化されたことになる。

また、形式的には主権国家でありながらも、事実上、欧米諸国がその国の政治・経済を支配していた地域もあった。これを「非公式帝国」とよび、例えば、第5章で扱う中東のイランやエジプトはイギリスの、また中南米諸国などはアメリカの非公式支配のもとにあった。

ただし、同じ二〇世紀初めまでには世界各地で、現地の人々による組織的な欧米支配への抵抗も始まっていた。興味深いのは、「支配された側」の抵抗運動を主導した人々が、「支配する側」にならって「国民国家」を作り上げようとしていたことである。

イギリス帝国史の大家である木畑洋一《きばたよういち》の定義を借りれば、「国民国家」とは「国境線に区切られた一定の領域から成り、主権を備えた国家であって、そのなかに住む人々が国民的一体性の意識（ナショナル・アイデンティティ）をもっている、あるいはそれをもとうとしている国家」のことである。この国民国家が登場したのは、フランス革命以降のヨーロッパにおいてであり、近代の産物だったといえる。

帝国主義時代の世界で「支配する側」にいた欧米諸国は、非欧米地域に先駆けて産業革命を経験して工業化を達成し、二〇世紀初めまでに近代的な国民国家を形成していた。他方、非西欧世界の各地では、もともと、各地域の王朝や部族により、すでに確立した世界観や社会規範に基づく統治が行われていた。だが、欧米の帝国支配はこれを破壊し、欧米的な社会規範や価値観をここに扶植《ふしょく》していった。「支配された側」の人々はこれに抵抗し、欧米支配を脱して自らの国民国家を作り上げ、近代化を達成しようとしていくのである。

自決権と反帝国主義

米ソの国際舞台への登場は、反植民地主義の動きにも大きな影響を与えた。先述したように、ウィルソン大統領は「一四ヵ条」のなかで「自決権」を、大戦後の国際秩序における重要な原理と位置づけていた。各民族は自らの意志に基づいて政治体制や帰属を決定する権利を持ち、他の民族や国家による干渉を認めないという考えは、反植民地主義者に強くアピールするものであった。

各国の民族主義者たちが、第一次世界大戦の平和条約を締結するために開催されたパリ講和会議と、それを主導したウィルソンに大きな期待をかけたのも無理はない。一八八二年にイギリスの保護国となっていたエジプトの民族主義者サード・ザグルールや、後にベトナム独立運動を指導するホー・チ・ミン（当時は阮愛国：グエン・アイ・クォックと名乗っていた）、インドのバール・ガンガーダル・ティラクらはパリ講和会議に請願書を提出している。また、

パリ講和会議。左からロイド・ジョージ英外相、オルランド伊首相、クレマンソー仏首相、ウィルソン米大統領（1919年5月）

後に大韓民国（韓国）の大統領となる李承晩《イスンマン》は、一九一〇年に朝鮮が日本に植民地化されて以来アメリカで独立運動に従事していたが、親交があったウィルソンに請願書を書き送っている。

だが、彼らの期待は見事に裏切られる。ザグルールやホーの請願書は、自治政府を経て独立へと進む、漸進的な植民地統治の改革を訴えるものであり、比較的穏健な内容だったといえるだろう。それでも、彼らの声にウィルソンやヨーロッパ諸国の首脳が耳を貸すことはなかった。ヨーロッパの政治指導者たちには帝国権益を手放す気はさらさらなかった。また、ウィルソンが念頭に置いていたのも、旧オース

トリア＝ハンガリー帝国（ハプスブルク帝国）のヨーロッパ人であって、植民地支配下の「有色人種」ではなかった（実のところウィルソンは人種差別主義者であり、アメリカ国内の黒人に対しても差別的な態度をとっていた）。

その結果、ウィルソンや西欧諸国の首脳に幻滅した反植民地主義者たちのなかからは、ソ連型共産主義に植民地体制打破の希望をかけるものが出てくる。

第一次世界大戦の勃発後、レーニンは帝国主義の研究に没頭し、『帝国主義論』（一九一七年）をはじめ多くの著作を執筆した。レーニンによれば、非ヨーロッパ地域に対する欧米の植民地支配は、第一次世界大戦をもたらした帝国主義的な国際体制に起因するものであった。それゆえ、欧米による民族的抑圧を廃絶するためには、帝国主義を打倒して社会主義を実現しなければならず、共産主義者は非ヨーロッパ地域における民族解放闘争を支援すべきだとレーニンは主張した。

こうしたソ連の姿勢は、多くの反植民地主義者を引きつけた。一九一九年にコミンテルンが設立されると、多くの国々・地域の共産党が参加した。モスクワには、アジア植民地の出身者に共産主義者としてのトレーニングを施す東方勤労者共産主義大学が設置され、ここで学んだ多くの活動家が後に反植民地闘争を主導していった。例えば、ホー・チ・ミンはインドシナ共産党を結成し、コミンテルンの活動家として活躍した。また、一九二一年にはソ連とコミンテルンの支援を受けて中国共産党も設立されている。

2　戦間期のアメリカ・ソ連・世界

「孤立主義」への回帰？

前述したように、米ソは自らのイデオロギーに基づいて世界を変革する使命感を持って第一次世界大戦後の世界に登場した。しかし両国の理想どおりに物事は進まない。

ウィルソンが提案した国際連盟はパリ講和会議で実現したが、アメリカ議会は国際連盟への参加を認めなかった。ただし、アメリカは完全に孤立主義へと回帰したわけではない。アメリカは、第一次大戦後の経済的苦難にあえぐヨーロッパ、とりわけドイツに大規模な資金を提供し、経済復興と政治的安定を金融面から支えていたのだ。だが、第一次世界大戦後のアメリカでは、まだまだ孤立主義的な心情が強く、そのことがヨーロッパに外交・軍事的に関与することを難しくしていた。

スターリンの「大テロル」

レーニンは、ロシアに続いてヨーロッパ諸国で革命が起きると想定していた。事実、ベルリンをはじめドイツのいくつかの都市やハンガリーでは共産主義者による蜂起《ほうき》や政権の樹立が行われた。しかし、ほどなくすべてが鎮圧される。こうして一九二〇年代前半のヨーロッパで、ロシアに続く社会主義革命が起きる可能性は雲散霧消したかに見えた。

一方、ソ連共産党は着実に体制を強化していた。二四年にレーニンが死去すると、ヨシフ・スターリンが権力闘争を勝ち抜き、二〇年代の末までには実権を掌握した。二八年からスターリンは第一次五ヵ年計画を開始し、計画経済に基づいて工業化と農業集団化を推し進めていった。後述するようにソ連は、重工業分野を中心に急速な経済発展を遂げ、先進的な欧米諸国と肩を並べるようになっていく。

また、スターリンは共産党の一党支配体制と、自身の独裁的な立場を固めていった。この「スターリン体制」の形成は多くの犠牲を伴うものであった。スターリンは二〇年代後半の権力闘争のプロセスで反対派を弾圧し、農業集団化を進めるにあたっては「階級としてのクラーク（富農）絶滅」というスローガンを掲げて土地の収奪・公有化を進めた。三〇年代前半にはウクライナなどの穀倉地帯で飢饉《ききん》が起こり、数百万人の規模の死者が出たが、それは強制的な農業集団化を重要な要因とするものであった。

さらに三六年から三八年にかけてスターリンは、かつての党幹部や政府高官、軍幹部を粛清し、三七年八月からは広く一般国民をも対象とする大量弾圧「大テロル」を行った。そのほとんどは捏造された罪状を理由とするものであった。二〇年代後半からスターリンが死去する五三年までに少なくとも一〇〇〇万人のソ連人が殺害、二三〇〇万人が投獄・強制移住されたと推定されている。猜疑心《さいぎしん》の強いスターリンは、共産党一党体制と、自分自身による支配と安全を確保するため、数多くの人々を犠牲にすることを厭《いと》わなかったのだ。

大恐慌と三つのイデオロギー

一九二九年一〇月、ニューヨーク株式市場の暴落から始まった大恐慌は、アメリカからヨーロッパ、そして世界へと拡大した。グローバルな資本主義経済の危機の時代が到来し、世界のほぼすべての国が不況、企業倒産、失業者の増大といった問題に見舞われた。

だが、こうした困難を後目《しりめ》にソ連の計画経済システムは大きな成果をあげていた。実際にはソ連の計画経済が綿密な計画に基づくものではなく、また、多くの問題が存在していたことを複数の歴史家が指摘している。それでも、政府が最優先分野に資源と労働力を集中させたことで、鉱工業分野の生産は飛躍的に伸びた。二八年から四〇年にかけてソ連の鉱工業は年平均一二～一四％の成長率を示した。

アメリカや西欧諸国も、それまでの経済的な自由放任主義を修正することで資本主義の危機に対応しようとした。市場を中心としつつも、経済活動における政府の役割を拡大する方針は「混合経済」ともよばれる。歴史家マーク・マゾワーが指摘するように、「資本主義諸国は計画と国家統制のアイディア」をソ連から「借用し、手加減して用いた」のである。例えばアメリカは、三三年に就任したフランクリン・D・ローズヴェルト大統領のもとで、景気拡大のための公共事業や社会福祉の充実化を政府が積極的に行うニューディール政策を実施した。

戦間期とよばれる二つの世界大戦の間の時期には、多くの国々が自由貿易に見切りをつけ、自国産業を保護するため輸入品に高い関税を課す保護貿易政策をとった。同じ理由から各国が自国通貨を切り下げた結果、「競争的通貨切り下げ」とよばれる状況が生じ、国際通貨・貿易体制は不安定化した。また、イギリスやフランスなど、すでに広大な植民地を有していた国は植民地や関係の深い旧植民地を中心に経済ブロックを形成して大恐慌に対応した。アメリカや英仏は、政治的には議会政治に基づく自由民主主義を維持しつつ、マゾワーのいう「経済ナショナリズム」で資本主義の危機に対応しようとした。「恐慌は国家主導の一国資本主義の登場を促した」のである。

経済における国家の役割を拡大し、経済ナショナリズムによって資本主義の危機に対応しようとしたのは、後に枢軸《すうじく》国として米英仏ソと戦うイタリアとドイツも同じであった。

イタリアでは、ベニート・ムッソリーニが率いるファシストが二二年に、ドイツではアドルフ・ヒトラー率いるナチスが三三年に、それぞれ政権を握った。ファシストとナチスの政権は、資本主義経済を維持しつつ国家の役割を重視する混合経済をとる一方、排外的なナショナリズムを強調し、人々の政治的・経済的自由を強く制限して権威主義的・全体主義的な体制を構築していった。さらにヨーロッパの他の地域や東アジア、中南米でも権威主義的な体制に移行する国々が登場していく。日本もその一つである。こうした国々は、議会制民主主義を否定すると同時に共産主義をも敵視した。そして三〇年代には米英仏のような議会制民主主義国家はむしろ少数派になっていった。

第二次世界大戦開始前の世界には、概して三つのイデオロギーに基づく政治体制が登場していた。(一) 米英仏のような議会制に基礎を置く自由民主主義と混合経済の体制、(二) 共産党一党独裁と計画経済をとるソ連型の社会主義体制、(三) 独伊日のような権威主義と混合経済をとる「ファシズム」型ともいえる体制である。これらの三つのイデオロギーが、大恐慌で生じた資本主義の危機に最も有効に対応できるのはどれか、互いに競いあっていた。

それゆえ、(一) と (二) のイデオロギーを持つ諸国からなる連合国側と、(三) のイデオロギーを有する諸国からなる枢軸国側が戦った第二次世界大戦は、それぞれの陣営を構成する国家の安全や経済的利益をめぐるものであったと同時に、イデオロギーの正統性や優劣――望ましく、正しい政治・経済体制の原理はどれなのか――をめぐる競争としての意味を持つものともなった。

帝国支配に対する抵抗

大恐慌の影響は欧米や日本の帝国支配のもとにあった地域にも広がった。こうした地域の多くは、宗主国の工業生産や経済を支えるため、特定の農産物や鉱業製品の輸出に特化した経済構造を持っていた。それゆえ大恐慌で農産物価格が大きく下落すると、人口の多くを占める農民の生活は大打撃を被った。戦間期に宗主国への反発が広がり、世界各地でナショナリズムが高まったのはそのためであった。

例えば、フランスの保護国であったチュニジアや、イギリスの植民地であったナイジェリアでは独立達成を掲げる民族運動組織が誕生した。英領インドでは、すでに一九二〇年代にマハトマ・ガンディーによる反英「不服従運動」が始まっていたが、三〇年の「塩の行進」(イギリスによる塩の専売に反対する運動)をきっかけに、三〇年代前半には第二次非暴力抵抗運動が拡大していった。

また、中国大陸では三一年九月の満洲《まんしゅう》事変を機に日本の侵略が本格化する。後に朝鮮民主主義人民共和国(北朝鮮)の指導者となる金日成《キムイルソン》が中国共産党に入党したのはこのころであった。その後、彼は満洲で抗日闘争に従事していく。そして、三七年七月の盧溝橋《ろこうきょう》事件で日中戦争が始まると、中国国民党と中国共産党は抗日民族統一戦線を結成することに合意した（第二次国共合作）。二七年に国民党が共産党を弾圧して以来激しく対立していた両党は、日本の帝国主義的な侵略に対抗するため、対立を一時棚上げすることにしたのである。

3　第二次世界大戦とその意味

大国間の力関係の変化

ヨーロッパの戦争は、一九三九年九月にポーランドに侵攻したドイツに対して英仏が宣戦布告したことで始まった。アジアではまず日中戦争が勃発し、四一年一二月に日本がハワイの真珠湾にある米海軍基地を攻撃したことで戦争が本格化した。

第二次世界大戦はヨーロッパとアジアの戦争が連動して展開したものであり、米英ソを中心とする連合国と、独伊日を中心とする枢軸国の間で戦われた。第二次世界大戦の経過は冷戦の発生と不可分の関係にあるため次章でより詳しく見ていくので、ここでは、冷戦の背景として重要な大戦の影響について説明しておこう。

第二次世界大戦は大国間の力関係を大きく変えた出来事であった。大戦は一九四三年にイタリアが、四五年に独日が降伏して終結した。枢軸国を打倒するうえで最も大きな役割を果たしたのは米ソであった。英仏両国は勝者にはなったが、大戦を通じて国力と国際的な影響力を大きく低下させた。つまり第二次世界大戦は、それまで国際政治の主要プレーヤーであった英仏独日のパワーを低下させ、米ソ、とりわけアメリカが相対的に突出した国力を持った超大国として存在感を増していく舞台を作り上げた。

だが、米ソの指導者たちは、大きなパワーを持つことのみでは、戦後世界で自国の安全を確保できるとは考えなかった。第2章で見るように、米ソがそれぞれの構想に基づいて戦後国際秩序を作ろうとしたのはそのためであり、両国の構想の違いが米ソ対立の重要な原因となっていく。

戦後国際秩序の形成にあたって問題となったのは、そのなかにドイツと日本をどのように位置づけるかであった。一九世紀半ばのドイツ統一（一八七一年）と明治維新（一八六八年）以来、両国は、それぞれヨーロッパとアジアの大国として発展していった。その後、ドイツは二度にわたって世界大戦を引き起こし、日本はドイツとともに米英仏を中心とする戦間期の国際秩序に挑戦する国家となった。第二次大戦で日独は連合国によって打倒された。だが、両国が経済的・軍事的に復活し、再び大きな脅威となるという懸念は簡単には消えなかった。とりわけ、ヨーロッパにおいてはドイツの位置づけをめぐる「ドイツ問題」が米ソのみならず、英仏をはじめ他のヨーロッパ諸国にとっても大きな争点となったのである。

米ソのイデオロギーの魅力

第二次世界大戦後、米ソが国際的な存在感を増したのは物質的なパワーだけが理由ではなかった。アメリカは大戦の戦場とならずほぼ破壊を免れ、しかも大戦中には多額の軍事費を中心とした財政支出によって経済力を爆発的に拡大させていた。アメリカの経済的繁栄がそのイデオロギーの魅力の一つであったことはまちがいない。

他方、次章で見るように、ソ連は大戦から大きな物的・人的損害を被った。それでもソ連は、戦間期に急速な工業化・軍事大国化を達成し、ドイツ打倒に最大の軍事的貢献を果たした。また、大恐慌によって資本主義・市場経済の大混乱を経験した人々の目には、急成長と完全雇用を達成したソ連の計画経済システムは合理的・魅力的なものと映った。

いずれにせよ、一九三〇年代に大恐慌で政治・経済・社会の混乱を経験し、さらに数年にわたる戦争と破壊の影響を受けたヨーロッパの人々は、経済を市場任せにするべきではないと考えるようになっていた。ヨーロッパでは、経済的安定と社会的公正のために政府は積極的役割を果たすべきだとする社会的合意が生まれており、先に触れた三つのイデオロギーはいずれもそうした要請に応える面を持っていた。だが、大戦でファシズム国家が敗北した結果、アメリカや西欧のような「混合経済」「大きな政府」モデルと、ソ連のような社会主義モデルの二つが戦後の人々にとっての選択肢になった。

つまり戦後ヨーロッパの人々にとってソ連型の社会主義体制は、大恐慌と戦争をもたらした資本主義の歪みを修正する有力な選択肢だったのだ。第3章で見るように、四七年初めにアメリカは、西欧における共産主義の拡大を危険視し、マーシャル・プランの名で知られる大規模な経済援助を実施する。その背景には戦後ヨーロッパのこうした社会状況があったのである。

脱植民地化の潮流

第二次世界大戦は欧米や日本による帝国支配を大きく変化させた。戦争開始後、西欧諸国の植民地の一部は枢軸国の支配下に入った。日本が統治したイギリス、フランス、オランダの東南アジア植民地などがその例である。しかし枢軸国が敗北した一九四五年以降、植民地からの独立を宣言したり、列強の非公式支配から脱しようとする、脱植民地化の動きはさらに強まった。脱植民地化の流れはすでに二〇世紀初めから世界各地で進んでいた。第二次世界大戦はこの歴史的潮流をさらに強化したのだ。

なぜ世界大戦が脱植民地化の転機となったのだろう。冷戦史家ウェスタッドによれば、そこには大きく二つの理由があった。大戦で西欧の植民地宗主国が社会的・経済的に疲弊したことと、帝国的支配の下にあった人々が強く抵抗したことである。

確かに、帝国的支配に対する組織的抵抗は二〇世紀初めごろから始まっていた。だが、第二次世界大戦以前の世界では支配する側の力が強く、押さえつけることができた。戦後も多くの地域では、支配される側の抵抗は、帝国的支配を直接的に覆すほどのものにはならなかった。しかし、彼ら・彼女らの抵抗によって、植民地支配のコストは高いものだと考えられるようになった。その結果、経済・社会的に弱体化した宗主国では、植民地維持に対する政治的支持が低下することになった。

被支配地域の政治勢力は、帝国的支配から脱して新国家を樹立したり、外国人支配を排した新しい国家のあり方を模索しようとした。第5章で詳しく見るように、各国の政治指導者たちは、しばしば、自分たちのめざすべき国家像や経済発展「モデル」を米ソのイデオロギーに見いだした。米ソとしても、新興国が自らと同じイデオロギーに基づく国家体制を採択することや、自らの同盟国となる——少なくとも新興国が相手陣営に入らない——ことが冷戦を戦ううえで重要になった。後に「第三世界」とよばれた、脱植民地化の進展した地域が冷戦の戦場となったのはそのためである。

冷戦はこうした一九世紀後半から二〇世紀前半の歴史的文脈のなかで生じたものであった。では、なぜ米ソは互いに相手を脅威と見なし、どのように東西二つの陣営を形成していったのだろう。第2章からはこうした問題を、第二次世界大戦の経過と、そのなかで生じた戦後の国際秩序構想をめぐる米英ソの対立に着目しながら考えていこう。

第2章

大同盟から「封じ込め」へ

ヤルタ会談。左からチャーチル、ローズヴェルト、スターリン（1945年2月）

イデオロギーで大きく異なっていたにもかかわらず、米英ソ三大国は「大同盟（Grand Alliance）」を形成して連合国を主導し、枢軸国を打倒した。また、三大国は新しい国際秩序を形成・維持するためには、戦後も引き続き協調を維持することが望ましいと考えていた。しかし、米英とソ連の間では次第に戦後構想をめぐる違いが生じるようになり、双方は互いに相手をイデオロギーと地政学的利害の両面で脅威と見るようになっていく。

米英とソ連の対立は、日独が降伏した一九四五年以降さらに明白になり、四六年までにアメリカは、その後冷戦末期まで続く「封じ込め」政策を事実上採用していた。本章では、大同盟の根幹にあった米英ソの協調が崩壊し、アメリカが封じ込め政策へと転換していく過程を描く。

1　大同盟の形成と戦後構想

英米の「特別な関係」

第二次世界大戦はアジアとヨーロッパの戦いが連動する形で始まった。まずアジアで一九三七年七月に日中戦争が始まる。ヨーロッパでは三九年九月にドイツがポーランドに侵攻し、英仏がドイツに宣戦布告した。その後しばらくヨーロッパで戦闘は行われなかったが、四〇年五月にドイツは突如オランダとベルギーに侵攻した。六月一四日にはパリが陥落し、西欧のほぼすべてがドイツの占領下に入った。

ドイツの成功に背中を押される形でイタリアと日本も新たな動きを起こす。六月一〇日、イタリアは英仏に宣戦布告し、九月にはイギリスの勢力範囲であるエジプトに兵を進めた。また九月には日本が北部仏印（フランス領インドシナ）へと進駐する。日独伊三国軍事同盟が締結されたのはその数日後のことである。

フランスが降伏したため、イギリスは、単独でドイツに対抗せざるを得なくなった。四〇年五月に首相に就任したウィンストン・チャーチルは断固戦い抜くつもりであった。しかし単独でドイツに挑めば、勝利はおろかイギリスの生存すら危うい。ドイツに勝つためにはアメリカの経済支援、そして対独参戦が不可欠というのが彼の判断であった。そのためチャーチルは、彼が「特別な関係」とよんだ英米の緊密な協力体制を構築することに心血を注いでいく。

大戦中、そして戦後の緊密な英米関係からは想像が難しいが、戦間期の両国関係は「冷たく、猜疑心に満ちて」いたと英米関係史の泰斗《たいと》デービッド・レイノルズは指摘する。アメリカには国際連盟不参加の「前科」があり、アメリカ議会や世論の孤立主義は根強かった。イギリスがアメリカに不信を抱く理由には事欠かなかった。台頭するドイツへの懸念が深まるなか、三五年に議会が中立法を制定し、ヨーロッパの紛争に関わらない姿勢を示したことも拍車をかけた。

三〇年代後半にイギリスが一連の対独宥和《ゆうわ》政策をとった理由の一つはアメリカの支援が期待できないことにあった。三九年九月の時点でイギリスが「特別な関係」を期待していたのはフランスだったのだ。しかし、翌年のフランスの敗北で状況は決定的に変化し、イギリスは緊密な英米関係の構築を最優先することになる。

アメリカもまた対英支援の必要性を痛感するようになっていた。ドイツが西欧を支配したことで、米国内では、ヨーロッパには関与せず、米本土と中南米からなる西半球の防衛に専念すべきだとの意見も強まった。だが、ローズヴェルト大統領は反対した。ドイツがイギリスを破れば、ヨーロッパの豊富な資源や質の高い労働力、工業技術のみならず、アフリカや中東の西欧植民地の資源を獲得し、ヨーロッパが食料・原材料を輸入する中南米にも影響力を拡大すると予想された。さらに日本が、中国大陸や満洲、仏印を獲得すればアメリカは枢軸国に包囲されてしまう。そうなればアメリカは、自由で民主的な「アメリカ的生活様式」を放棄し、枢軸国と同じような兵営国家にならざるを得ない。対独抵抗を続けるイギリスへの支援がアメリカの安全保障にとって重要なのはそのためであった。また、当時のアメリカは戦争準備を整えていなかったから、イギリスを持ちこたえさせることで、軍備拡大に必要な時間を稼がなければならなかった。

こうした考えを念頭に、四〇年夏以降ローズヴェルトは議会と中立法に配慮しつつ、少しずつ英米協力を強化していった。四一年三月には武器貸与法が成立して対英経済支援が本格化した。さらに八月、ローズヴェルトとチャーチルは大西洋上で初の首脳会談に臨み大西洋憲章を発表する。これは、領土不拡大、自決権の尊重、自由貿易の実現、航行自由の原則、全般的な安全保障のための恒久的制度の確立など、戦後国際秩序がよって立つ基本原則を示すものであった。こうして、まずは大同盟の中核となる英米の特別な関係が形成されたのである。

ヒトラー打倒のために

さて、なかなか屈服しないイギリスに業を煮やしたヒトラーは、一九四一年六月にソ連への攻撃を開始した。戦争勃発直前の三九年八月、ヒトラーとスターリンは独ソ不可侵協定を締結していた。翌月、独ソ両国はこの協定の秘密合意に基づいてポーランドに侵攻し、ポーランドの西部と東部をそれぞれ手中に収めた。しかし、二年も経たないうちにヒトラーは不可侵協定を反故《ほご》にして対ソ戦を開始したのである。

一九二〇年代からヒトラーは、ソ連を打倒し、ドイツの東方にゲルマン民族のための

「生存圏《レーベンスラウム》」を建設する構想を抱いていた。また、イギリスは、米ソの支援を期待して対独抵抗を続けているとも考えていた。そこでヒトラーは、ソ連を敗北に追い込んで生存圏を確保すると同時に、イギリスの継戦意志を奪おうとしたのだ。

チャーチルもローズヴェルトも反共主義者であった。しかし、ヒトラー打倒にはソ連の軍事力が必要であり、ソ連をドイツに敗北させてはならないと彼らは判断していた。四一年七月に英ソ相互援助条約が締結され、一一月にアメリカが武器貸与法に基づいて対ソ援助に踏み切ったのはそのためである。

一二月七日、日本がハワイの真珠湾を攻撃して英米に宣戦布告し、さらに一一日にはドイツとイタリアも対米宣戦を布告した。正式に同盟条約を締結していたのは英ソだけだったが、こうして米英ソは事実上の同盟国となった。翌四二年一月、アメリカのワシントンに二六カ国の代表が参集し、枢軸国と共同で戦う意志を明らかにする「連合国宣言」を発表した。米英ソの大同盟はこの「連合国」の中核を担う存在となった。

第二次世界大戦の展開

当初、枢軸側は有利に戦いを進めた。真珠湾攻撃の後、日本は、中国大陸で蔣介石《しょうかいせき》の国民党軍と毛沢東《もうたくとう》の中国共産党軍からなる抗日民族統一戦線と戦う一方、英仏やオランダの東南アジア植民地を攻略していった。ドイツ軍も緒戦ではソ連の首都モスクワに迫る勢いを見せた。

しかし、一九四二年半ばからは次第に形勢が逆転していく。四三年七月に英米軍がシチリア島上陸作戦を敢行すると、イタリアでは国王と軍部がムッソリーニを失脚に追い込み、無条件降伏を受け入れた。また四二年末から四三年夏にかけてソ連軍もドイツ軍に大打撃を与えた。その後ソ連軍は、一旦はドイツの占領下に置かれた東欧やバルカン半島の諸国を再占領していく。アジア・太平洋でも四二年六月のミッドウェー海戦を契機に連合国は形勢を逆転していった。英米は東南アジアでの攻勢を強め、さらに日本本土に対するアメリカの戦略爆撃も強化された。

戦況が連合国優位になり始めた四三年ごろから、米英ソの間では第二次世界大戦後の国際秩序のあり方に関する議論が始まった。そして各国の構想の違いが、戦中、そして戦後の三国の関係に大きな影響を与えることになる。

ソ連の戦後構想

一九一七年にソ連が版図を継いだロシア帝国の対外関係史は他の帝国との争いの歴史であった。一六世紀以来、ロシア帝国はバルカン半島や中東をめぐってオスマン帝国、オーストリア＝ハンガリー帝国、大英帝国と勢力争いを展開してきた。また二〇世紀に入るとロシア帝国とソ連は、日露戦争、第一次世界大戦、対ソ干渉戦争、ノモンハン事件、第二次世界大戦と、数々の戦争を経験した。ヨーロッパではドイツ、アジアでは日本がその主要敵であったといえるだろう。

ソ連は第二次世界大戦で最大規模の被害を受けた国でもある。ソ連はドイツ打倒に最も大きな貢献を果たした。四一年六月から四六年六月までのドイツ陸軍の犠牲者の九三％はソ連軍によるものだった。しかしソ連の犠牲も大きかった。ソ連の死傷者数については諸説あるが、概《おおむ》ね二六〇〇〜二七〇〇万人が死亡・行方不明になったと推計されている。五五〇〇万人から六〇〇〇万人と推定される大戦の犠牲者の半分近くはソ連国民だった。

こうした歴史に照らせば、戦後秩序を構想するにあたってソ連が、外敵からの安全確保を最優先したことも理解できる。一九四三年初め、スターリンは外務人民委員会（ソ連外務省の前身）に戦後の安全保障構想を検討するよう命じた。四四年初めに出された二つの報告書では、戦後ソ連外交の目標を、ソ連の安全とヨーロッパおよびアジアにおける平和が長期にわたって保障される状況を作り出すことだとされている。これは、大戦で深手を負ったソ連が回復するまでに最低一〇年、ヨーロッパが社会主義国で占められ、戦争の可能性がなくなるまでには三〇〜五〇年が必要との予測に基づくものであった。そして、この目的を達成するために次のような方策が提案された。

まずヨーロッパにおいてはドイツからの安全を確保しなければならない。そのためには、バルト三国（エストニア、ラトヴィア、リトアニア）とポーランド東部をソ連領に編入することが必要であった。また、東欧およびバルカン半島（ポーランド、チェコスロヴァキア、ハンガリー、ユーゴスラヴィア、ルーマニア、ブルガリア）をソ連の「勢力圏」（ある大国が独占的に介入の権利を主張できる領域）とすることも望ましかった。その最も確実な方法は、これらの国々をソ連と同じ社会主義体制にすることであった。加えて、厳しい占領管理政策と多大な賠償金によってドイツを弱体化することも勧告された。

アジアにおいては日本を再び脅威とならないようにすることが肝要であった。そのためには、二〇年代からソ連の同盟国であった外蒙古《がいもうこ》（モンゴル）の独立を維持して勢力圏とする一方、中国本土に安定政権が誕生することが望ましかった。また、ソ連海軍の太平洋へのアクセスを確保するため、日露戦争で日本が得た南サハリン（南樺太《からふと》）を「返還」させ、クリル諸島（千島《ちしま》列島）を占拠する必要もあった。さらに満洲の重要港湾である大連《だいれん》や旅順《りょじゅん》を確保し、そこにソ連本土から兵力や物資を円滑に運送するため中東《ちゅうとう》（東清《とうしん》）鉄道や南満洲鉄道を支配しなければならなかった。

中東も同様の考慮の対象となった。中東の戦略要衝であるボスポラス＝ダーダネルス海峡のコントロールを獲得し、イランを経由してペルシャ湾へのアクセスも確保すべきだとされたのである。

共産主義イデオロギーの影響

このように、戦後ソ連外交が重視していたのは地政学的利益であった。しかし、共産主義イデオロギーが、ソ連の指導者たちの対外認識に大きく作用していたことも確かである。一九二〇年代からソ連は一国社会主義の方針をとってはいたが、世界革命という究極目標を放棄してはいなかった。また、彼らはマルクス主義的な歴史観に基づいて次のように未来を展望していた。歴史の流れはソ連の側にある。枢軸国はもちろん、英米ですら結局のところは帝国主義国であるから、中・長期的には英米が衝突して世界革命のチャンスが訪れる。その時まで共産主義の祖国たるソ連を維持するためにも、平和な国際環境のなかで国家再興に努めるべきだ。

興味深いのは、このようなイデオロギー的世界観がソ連外交に一定の柔軟性を与えていたことである。英米いずれとも友好な関係を保つことで、ソ連は、両国の競争や対立を利用できる。また、歴史の利はソ連の側にあるのだから、死活的に重要な問題以外では英米との正面衝突を避け、帝国主義国間の矛盾が明らかになる時を待てばよいというのである。

英米との協調は実利の面でも望ましかった。そもそもソ連が対独戦を続けることができたのは、武器貸与法によるアメリカの手厚い物的・経済的支援のおかげであった。また、後で見るように、大戦中からローズヴェルトは、米英中ソの四大国が協力して戦後国際秩序を維持する「四人の警察官」構想を抱いていたが、これはソ連の対外方針とも合致するものであった。「警察官」の一人となることは、英米が両国と同じ責任ある大国の地位をソ連に与え、ソ連の勢力圏を承認したことを意味するからだ。さらに、大戦で甚大な被害を被ったソ連社会を再興するためにも、アメリカの経済支援は不可欠だった。

スターリンには、英米との協調を維持するため、究極目標たる世界革命を一時的に棚上げする用意があった。四三年に彼が、コミンテルン解散に踏み切ったのはそのためであった。コミンテルンはソ連が世界革命を追求するための道具と見られていたから、その解散は世界に好意的な印象を与えた。また四三年以降、対独戦を進めるなかでソ連軍は、一旦はドイツ占領下に入った東欧諸国を再占領していったが、スターリンはすぐにソ連型社会主義を植えつけようとはしなかった。むしろソ連は、社会民主党など各国の「反ファシズム」政党と共産党の連立政権の成立を促していったのである。「人民共和国」とよばれたこうした政治体制は、共産党の勢力が弱かった地域で長期的にソ連システムを移植していくための手段であると同時に、英米との協調を損なわないための配慮でもあった。

だが、スターリンは、英米の善意に頼れると考えるほどナイーブではなかった。ロシアの外交史家ウラジーミル・ペシャトノフが指摘するように、スターリンの態度は、重要な利害は「可能ならば、同盟国〔英米〕の同意に基づいて、必要ならば同意なしでも」確保するというものだった。そして、冷戦史家ウェスタッドが喝破したように、英米との大国間協調が崩れた場合には、「スターリンだけに忠誠」を誓う東欧諸国の共産主義者こそが、ソ連の東欧支配を「究極的に保証する存在」なのであった。

アメリカと第二次世界大戦の教訓

第二次世界大戦の経験から教訓を得ていたのはアメリカの指導者たちも同じであった。先述したように、大戦期に彼らは、枢軸国がヨーロッパとアジアの資源と人口、優れた技術や労働力を支配して、アメリカを包囲することを恐れていた。そして、こうした状況の出現を阻止することが、大戦後も引き続き対外政策の重要な目的となった。

日本による真珠湾攻撃もまた、アメリカの国防戦略に大きな影響を与えていた。建国以来アメリカは、太平洋と大西洋の二つの大海によって外敵から守られてきた（歴史学者C・ヴァン・ウッドワードはこれを「無料の安全保障」とよんだ）。だが、真珠湾攻撃がこうした前提がもはや成り立たないことを示したのだ。

第二次大戦中からアメリカの国防政策担当者が、戦後も強大な軍事力を保持しつつ、アメリカの空軍基地と海軍基地を統合してグローバルな基地網を形成することを構想し、軍事航空輸送に関する権利について世界各国と交渉を進めたのはそのためであった。強力な軍事力を広範囲に、しかも素早く展開できる態勢を作り、敵が米本土を攻撃する前の段階で相手の行動を抑止する戦略がとられたのだ。事実、国務省の重要基地一覧（一九四六年）には、ビルマ（現ミャンマー）、カナダ、フィジー諸島、ニュージーランド、キューバ、グリーンランド、エクアドル、仏領モロッコ、セネガル、リベリア、パナマ、アゾレス諸島など、世界各地の地名が記されていた。

しかし、アメリカの指導者たちは、強力な軍事力のみで安全確保が可能だと考えていたわけではない。大恐慌が競争的通貨切り下げやブロック経済化を引き起こし、それが世界大戦へとつながった経験からも、彼らは教訓を引き出していた。自由で開放的な国際経済体制を形成して各国を経済的に繁栄させ、それによって国内政治の安定をもたらすことで国際平和の礎を築かなければならない。もちろん、ここにはウィルソン的な国際主義の外交思想が反映されていた。

英米両国は、早くも一九四二年から戦後の国際経済制度の構想を練り始めていた。四四年七月には米ニューハンプシャー州ブレトンウッズで、英米の合意案について連合国全体で検討する国際会議が開催され、国際通貨基金（ＩＭＦ）と国際復興開発銀行（ＩＢＲＤ）の設立が決定された。

ＩＭＦは、国際収支が悪化した国に資金を貸し出すことで、三〇年代のような為替切り下げ競争の再発を防止しようとするものであった。他方、ＩＢＲＤの目的は、戦後の経済復興と経済開発に必要な資金を各国政府に提供することであった。また、アメリカは自国の保有する金と他国のドルの兌換《だかん》を約束することで、戦後に基軸通貨となった米ドルの価値を保証した。さらに、四五年一一月にアメリカは、貿易障壁の撤廃をめざす国際貿易機構（ＩＴＯ）構想を発表する。ＩＴＯ構想は四八年までに頓挫したが、四七年に締結された「関税と貿易に関する一般協定（ＧＡＴＴ）」がこれに代わって、関税その他の貿易障壁引き下げの多角的な枠組みとなった。

アメリカの経済力に基礎を置いて形成された戦後の国際経済体制は「ブレトンウッズ体制」とか「ＩＭＦ・ＧＡＴＴ体制」とよばれ、「自由で開放的」なものであったと理解されることが多い。しかし、それは、大恐慌前のような「自由放任」主義的なものでは決してなかった。ＩＭＦ協定は加盟国政府による資本移動の制限を認めており、ＧＡＴＴにおいても国内産業を保護するための様々な例外措置やセーフガードが容認されていた。こうした措置は、無制限な資本移動が各国の為替レートや国際収支に与える悪影響を防ぎ、各国が実施する様々な福祉政策や完全雇用のための政策を保護するためのものであった。

前章で見たように、大戦終結まではヨーロッパでもアメリカでも、経済や社会の運営に政府が積極的に介入する混合経済や「大きな政府」に対する社会的合意が生まれていた。そのため、戦後の国際経済秩序の再建にあたり、英米は「自由で開放的な」国際経済秩序がもたらす国際的安定と、「大きな国家」による各国の国内的安定の両立をめざしたのである。

「四人の警察官」と国際連合

アメリカはまた、イギリスとともに、国際平和と安全保障に関する国際組織の創設に向けて努力した。ここでも、アメリカの不参加が国際連盟の実効性を弱めた戦間期の教訓が生かされた。一九四四年八月に米英ソ中四ヵ国の代表が、米ワシントン郊外のダンバートン・オークスに参集し国際連合（国連）設立について検討した。そして四五年六月のサンフランシスコ会議で国際連合憲章（国連憲章）が採択された。

国連憲章は、安全保障理事会の勧告や決定に基づいて平和の維持・回復に必要な措置をとることを定めており、そこには軍事行動も含まれる。普遍的で強力な集団安全保障体制をめざす国連には、この意味でアメリカの国際主義が投影されていた。

その一方、国連は「四人の警察官」とよばれるローズヴェルトの構想を反映したものでもあった。それは、米英ソと中国――国民党の蔣介石が率いる国民政府（国府《こくふ》）――の四大国を中心に戦後の国際安全保障秩序を運営するというものである。ローズヴェルトがめざしたのは、強力な軍事力を持つ四大国が協調して新たな侵略を防止し、小国に安全を保障することで国際関係を安定化させることであった。

「四人の警察官」構想では、アメリカが西半球（北米と中南米）と太平洋、ソ連が東欧、イギリスが西欧、国府がアジアでそれぞれ責任を負うことになっていた。この構想は次の二つの考えに基づくものであった。一つ目は、戦後の適当な時期に米軍がヨーロッパから撤退し、ヨーロッパがソ連とイギリスに任されるというものである。この考えの背後にあったのは根強いアメリカ内の孤立主義であった。二つ目は、四大国の責任範囲を、それぞれの大国の勢力圏とするという発想である。ただし、後で見るように「勢力圏」の意味について英米とソ連は異なる理解に立っていた。この「勢力圏」に対する考えの違いが両者の対立の原因の一つとなるのである。

「四人の警察官」構想が示すように、ローズヴェルトは大国間の協調を戦後も維持するつもりであった。米英ソと国府（後にフランスが加えられる）が、国連安保理で拒否権を持つ常任理事国となったのもそのためである。また当初、ブレトンウッズ体制においてソ連は、米英に次ぐ第三位の出資国となることが想定されていた。アメリカは、ソ連をアメリカ主導の戦後の国際政治経済秩序に「統合」しようとしていた。それゆえ、ブレトンウッズ会議でもアメリカは、ソ連に対して「宥和的」ともいえる態度をとった。しかしこれとは対照的に、イギリスに対するアメリカの態度は非常に厳しいものであった。

イギリスの戦後構想と「帝国」

すでに見たように、チャーチルはアメリカとの「特別な関係」の構築を望んでいた。一見するとそれは実現したかに見える。英米は大西洋憲章を共同で発表しており、国連やブレトンウッズ体制の形成に向けた連合国内での議論をリードしたのも両国であった。ローズヴェルト構想でもイギリスは「四人の警察官」の一人とされている。

だが、英米の戦後構想は完全に一致していたわけではない。とりわけ違いが際立ったのは国際経済体制についてであった。アメリカが強く求める「自由で開放的な」貿易体制が実現すれば、イギリスの帝国特恵関税システム（一九三〇年代に始まった英帝国内での貿易を優遇する仕組み）は解体されてしまう。そうなれば、イギリスの国内産業はアメリカの産業との激しい競争に曝《さら》されるから、イギリスはこれに反対であった。だが、そこにこそアメリカの狙いがあったのだ。

特恵システムに関する態度は、イギリスが戦後も植民地や帝国権益を維持するつもりであ

意味を持つことになる。

2　対立の萌芽

第二戦線問題

ここまで見てきたように、米英ソの三大国は、大同盟を形成して連合国の中核を担ってはいたが、その戦後構想には相容れない面があった。しかし、だからといって直ちに冷戦が始まったわけではない。三大国はいずれも、枢軸国を打倒し、新しい国際秩序を作り上げるために、戦後も大国間協調を維持することが望ましいと考えていた。しかし、三国の関係は次第に緊張をはらんだものとなっていく。

緊張の原因の一つが、ヨーロッパにおける第二戦線に関するものであった。ドイツを東側から攻撃するソ連は、ドイツ軍の大部分を一手に引き受けていた。ソ連軍の負担を軽減するため、スターリンは、ソ連が戦っていた東部戦線とは別の戦線を開くよう英米に繰り返し要求した。しかし、英米はこれになかなか応じない。

英米両国は戦いの進め方について異なる考えを持っていた。人的・物的資源の豊かなアメリカは、早い段階で大規模な対独戦を行うことを望んでいた。他方、イギリスは、イタリアをまず攻略し、経済封鎖でドイツを政治的に十分に弱体化させたうえで上陸作戦を実施し、ナチス体制を崩壊に追い込むべきだと考えていた。長い論争の末、一九四三年夏に両国は、翌年春に北西ヨーロッパに進撃することで合意した。それは、国力で劣るイギリスが、米ソに妥協せざるを得なくなったからでもあった。チャーチルは、ヨーロッパ上陸作戦は「ロシアとアメリカの軍部が、イギリスに押しつけたものだ」と陰で口にしていた。

この間スターリンは英米への疑念を強めていた。彼は、英米が第二戦線形成を引き延ばしているのは、独ソの両方を弱体化させるためではないかと疑っていたのだ。他方でスターリンは、対独戦、そして来るべき対日戦におけるソ連の軍事的貢献が不可欠であることを逆手にとって、英米に様々な要求を突きつけ始めた。これにより東欧における勢力圏を確保しようとしたのである。こうしたスターリンの駆け引きは、独ソ戦の形勢が逆転したスターリングラードの戦い以降さらに強まっていった。

東欧におけるソ連の勢力拡大

第二戦線と並ぶ、米英ソ間のもう一つの懸案は、東欧、特にポーランドをめぐる問題であった。

ポーランド問題には、「ポーランド国境」と「戦後ポーランド政府の構成」という二つの側面がある。前者は、ソ連・ポーランド間の東部国境と、ポーランド・ドイツ間の西部国境をめぐるものであった。後者は、一九三九年九月の独ソ両国のポーランド侵攻後にロンドンに設置されたポーランド亡命政府と、四四年七月にソ連が設置した共産主義者主導の「国民解放委員会」が、どのようにポーランド政府を構成するかをめぐるものであった。

四三年から米英ソの首脳は一連の会談をもっていくが、第二戦線問題とポーランド問題はそこでの大きな争点となった。四三年一一月、ローズヴェルト、スターリン、チャーチルはイランの首都テヘランで初めての三巨頭会談に臨む。ここで米英首脳は、三九年にソ連が占領したポーランド東部をソ連に割譲し、代わりにポーランドはオーデル川・ナイセ川以東のドイツ領を併合するというスターリンの要求を基本的に受け入れた。また三者は、ドイツを三大国が分割占領し、ドイツ全体を共同で統治することにも合意した。

この会談でローズヴェルトとチャーチルは、四四年五月までにヨーロッパで第二戦線を開設するとスターリンに伝え、スターリンはドイツ降伏後、ソ連は対日参戦すると約束した。この時、ローズヴェルトとスターリンは、ソ連が対日参戦の見返りに獲得する権益についても秘密裏に議論し、それが後述するヤルタ合意へとつながっていく。

四四年になるとヨーロッパの軍事情勢は大きく変化した。六月、米英軍がフランスのノルマンディ海岸に上陸し、第二戦線を開いた。他方、東欧で攻勢を強めていたソ連軍は、七月にポーランド東部のルブリンに国民解放委員会を設置し、八月にはワルシャワ郊外まで兵力を進めた。この時ソ連軍は、ロンドン亡命政権の軍事組織に、対独一斉蜂起を行うよう働きかけた。しかし、実際に蜂起が始まるとソ連は進軍を停止する。そのためドイツ軍は抵抗勢力を粉砕することができ、ロンドン亡命政権の政治基盤は弱体化した。ソ連はさらにルーマニア、ブルガリア、ハンガリー、ユーゴスラヴィアへと進軍・占領した。

その後ソ連は、東欧とバルカン半島で親ソ的な「人民共和国」の樹立を進めていく。こうしたソ連の動きに危惧を抱いたチャーチルが、スターリンとの間で合意したのが有名な「パーセンテージ協定」である。

東地中海を睨むバルカン半島全体をソ連が支配すれば、イギリスの帝国戦略に大きな打撃となると考えたチャーチルは、四四年一〇月、この地域において英ソの勢力圏を画定することをスターリンに申し出た。これは、ギリシャではイギリスが九〇%、ソ連が一〇%、ルーマニアではソ連が九〇%、イギリスが一〇%といった取り決めである。だが実際には、その意味するところは、ギリシャをイギリスの、ルーマニアをはじめとする他のバルカン諸国をソ連の勢力圏とすることにあった。

一九四五年二月、三巨頭は再び黒海沿岸のヤルタに参集した。このヤルタ会談では、ドイツ降伏後の占領管理にフランス暫定政府を参加させることが決定された。しかし、より重要だったのはドイツからの賠償をめぐる問題である。スターリンは総額二〇〇億ドルをドイツから取り立て、その半額をソ連の取り分とするよう主張した。これを実行すればドイツ経済が崩壊するとしてチャーチルは反対したが、ローズヴェルトはソ連に同調するような態度を示した。そのため、スターリン提案を「土台」として交渉を続けることとなった。

ヤルタでは、前述した二つの側面を持つポーランド問題のうち、ポーランド国境をめぐって議論が紛糾した。特に大きな問題となったのはオーデル・ナイセ線である。ナイセ川は、東ナイセ川と西ナイセ川の二本からなり、いずれもオーデル川へと流れ込んでいる。これについてスターリンが西ナイセ川を独ポ国境とするように主張したが、チャーチルは強く反対する。結局、この問題も次の首脳会談へと持ち越されることになった。

また、もう一つのポーランド政府の構成問題について、ローズヴェルトとチャーチルは、自由選挙に基づく政権樹立を強く求めた。さらに、ローズヴェルトは、ドイツから解放された諸国において、すべての民主的勢力を代表する暫定政府を設置し、その後可能な限り早期に自由選挙を実施するという「解放ヨーロッパに関する宣言」を出すことを提案した。スターリンはいずれにも同意する姿勢を示した。しかし、ヤルタ会談後、ポーランド問題につい

て ソ連のとった態度がこれに反するものであったため、三大国間の対立が深まっていくことになる。

さらに三巨頭はアジアについても重要な取り決めを交わした。ドイツ敗戦後二、三カ月のうちにソ連が対日参戦し、それと引き換えにアジアでソ連が求める領土や権益を米英が承認するのである。具体的には、外蒙古の現状維持、日本が有する南サハリンと千島列島をソ連に割譲し、中国大陸における港湾や鉄道権益をソ連に引き渡すことが約束された。

ローズヴェルトはヤルタ会談の結果に満足していた。ドイツについては結論が先送りされたものの、国連安保理における拒否権、東欧での自由選挙実施、そして対日参戦についてスターリンから確約を得たと感じていたからだ。

だがスターリンの方では、ソ連にとって死活的に重要な東欧での「フリーハンド」をこの会談で得たと感じたようだ。事実、ヤルタ会談の約二週間後にソ連は、占領していたルーマニアで共産党中心の政権を成立させた。また、ポーランドをめぐる米英ソ交渉はヤルタ会談後も続いたが、亡命政府を中心とする政権の樹立を主張する米英と、暫定政権を支援するソ連の間で平行線が続いた。

ローズヴェルトの側近やチャーチルはソ連の態度に強い警戒心を抱き始めていた。ローズヴェルト自身も懸念を抱いてはいたが、対ソ協調を維持するつもりであった。

四五年四月一一日、チャーチルへの書簡でローズヴェルトは次のように記している。「私はソ連問題についてはできるだけ小さく扱うことにしたいと思います。こうした問題は、様々な形で日々生じるものですし、そのほとんどは何らかの形で解決できるからです」。

対独戦と対日戦は依然続いており、戦後秩序の形成・維持にはソ連の協力が必要だった。何よりもローズヴェルトは、自身の政治的手腕とカリスマ性をもってすれば、戦後も引き続きスターリンとの関係を維持できると信じていた。だが、その翌日、ローズヴェルトは急逝する。そして憲法の規定に則《のっと》ってハリー・S・トルーマン副大統領が大統領に昇格したのである。

3　大国間協調の崩壊へ

トルーマン新大統領とソ連

トルーマンは内政を中心に政治的キャリアを積んできたこともあって、副大統領とはいえ、外交ではまったく蚊帳の外に置かれてきた人物であった。四月二三日にトルーマンはソ連のヴャチェスラフ・モロトフ外務人民委員（外相）と会談した。この時トルーマンが、ソ連は東欧に関するヤルタ合意を遵守していないと激しく非難し、モロトフが「これまでにこのような物言いをされたことはない」と憤慨したことは、しばしば、この時期の米ソ関係の悪化を示すエピソードとして言及される。

だが、この時点ですでにトルーマンがソ連との協調を完全に放棄していたとはいいがたい。五月初めにはドイツが降伏したが、日本との戦争はまだ続いていた。また、ヨーロッパの諸問題でもやはりソ連との協力は望ましかったのだ。

このことはポーランド問題に対するトルーマン政権の姿勢にも見てとれる。五月から六月にかけてソ連はポーランドに「挙国一致政府」を形成した。ここにはロンドン亡命政府のメンバーも参加していたが、実際には共産党主導の政府であった。しかし、七月初めに米英はこれを承認した。トルーマン政権は、東欧をめぐってソ連と対決するつもりはなかったのだ。だが、両国の戦後構想にとってより重要なドイツと日本の処遇をめぐって、米ソは本格的に対立していくことになる。

ポツダム会談

一九四五年七月一七日、トルーマン、スターリン、チャーチルは徹底的に破壊されたドイツの首都ベルリン郊外の街、ポツダムに参集した。なお七月五日に実施されたイギリス総選挙で敗北したチャーチルは二六日に帰国し、その後の議事は労働党の新首相クレメント・アトリーに引き継がれている。

このポツダム会談ではドイツ問題、具体的には対独賠償とドイツ・ポーランド国境（オーデル・ナイセ線）が大きな争点となった。対独賠償についてスターリンは、ドイツの軍事的再興を防ぐにはその弱体化が必要だとして、改めて二〇〇億ドルを主張した。しかし、米英はこれを受け入れなかった。ヨーロッパ全体の経済復興には、ドイツ経済の復興が不可欠であり、また、そのためにはドイツを単一の経済単位として扱うことが必要だというのが両国の見立てだったからだ。議論は紛糾したが、最終的には次のような合意が成立する。

ポツダム会談。前列左からアトリー、トルーマン、スターリンの英米ソ首脳。後列左側2人目からベヴィン、バーンズ、モロトフの各外相（1945年8月）

まず賠償についてソ連は、ソ連占領地区から賠償を取り立てるほか、西側地区からも一定額を受け取ることになった。またオーデル・ナイセ線についても米英は、対独平和条約によって最終画定することを条件に、当面はソ連の主張を受け入れる態度を示した。さらに三国はドイツを統一的な経済単位とすること、ヨーロッパにおける平和条約などの問題を協議するために外相理事会を設置することについても合意した。

こうして米英とソ連は、それぞれが戦後ヨーロッパで望むものをある程度確保したうえで、大国間協調の様相を維持することができた。しかし、その背後では対日政策をめぐる米ソの駆け引きが続いていた。

日本降伏をめぐる米ソの「暗闘」

米ニューメキシコ州アラモゴードで、史上初の原爆爆発実験が成功裏に実施されたのは七月一六日のことである。この知らせはすぐにポツダムのトルーマンへと伝えられた。

すでにトルーマンは、日本を降伏に追い込むための九州上陸作戦（オリンピック作戦）を一一月に実施することを承認していた。だが、米軍に大きな犠牲が生じ得る本土作戦は、できれば回避したいというのがトルーマンの本音であった。トルーマンはジレンマに直面していた。上陸作戦を回避しつつ、日本を早期に降伏に追い込むためにはソ連の対日参戦が必要だ。だが、ソ連が参戦すれば、ヤルタで約束した権益を引き渡さざるを得ず、戦後アジアでソ連の勢力が拡大する恐れがあるのだ。

だが、ここに一筋の光明が差した。巨大な破壊力を持つ原爆を使用し、ソ連が参戦する前に日本を降伏に追い込めば、ソ連の勢力拡大というリスクを低減できるのではないか。

原爆実験の成功は、七月一八日の英米首脳会談でそのことをトルーマンから告げられたチャーチルにとっても朗報であった。チャーチルもまた、ソ連の対日参戦を伴わずに日本を降伏させられることを喜んだのである。

一方スターリンは、日本降伏の前に対日参戦を果たし、ヤルタで合意された権益を確保したいと考えていた。スターリンはそれゆえ、ポツダムで米英首脳から対日参戦を要請されることを期待していた。だがトルーマンは、ソ連に参戦の口実を与えないように振る舞った。日本に対する最後通牒《つうちょう》であるポツダム宣言が、ソ連の署名がないまま、七月二六日に発表されたのもそのためである。

七月二四日の会談の際にトルーマンは、アメリカが巨大な破壊力を持つ「新兵器」を保有しているとスターリンにほのめかした。スターリンは特に驚いた様子を見せなかった。だが、米国内でのスパイ活動を通じてアメリカの原爆開発計画をつかんでいたスターリンは、原爆実験に成功したトルーマンがソ連参戦前に日本を降伏に追い込むつもりだと悟った。

ポツダム会談直後の八月初め、スターリンが、八月一一日に予定されていた対日戦の繰り上げを決断したのはそのためである。アメリカ在住のロシア史家・長谷川《はせがわ》毅《つよし》が生々しく描いたように、米ソは日本降伏をめぐって激しい「暗闘」を繰り広げていた。

日本の降伏と占領体制

八月六日に広島、九日には長崎に原爆が投下された。一方、ソ連は八月九日未明に満洲や南サハリン、千島列島への進撃を開始した。スターリンは、ヤルタで米英が認めた権益を実力で確保するつもりであった。そして、ソ連軍は千島列島の南部に存在する歯舞諸島《はぼまいしょとう》、色丹島《しこたんとう》、択捉島《えとろふとう》、国後島《くなしりとう》も占領した。

八月一五日に日本はポツダム宣言の受け入れを表明し、二週間後の九月二日に降伏文書に調印した。同日には日本占領に関する「連合国最高司令官一般命令第一号」も発せられ、大戦中に日本軍が展開した地域の占領体制が定められた。これにより、日本本土と沖縄はアメリカが、満洲と千島列島はソ連がそれぞれ単独占領し、朝鮮半島は北緯三八度線を境界として北をソ連が、南をアメリカが占領することになった。またインドシナ半島は北緯一六度線を境界として北部を国府が、南部をイギリスが占領することになった。この占領体制のあり方が、後で見る朝鮮半島（第3章）とインドシナ（第5章）の分断に大きな意味を持つことになる。

日本本土もまた一般命令第一号における焦点となった。当初アメリカは、千島列島と大連

（満洲）の占領を望んでいたが、ソ連が先に進軍したためこれをあきらめた。他方、スターリンは八月一六日、釧路《くしろ》と留萌《るもい》を結ぶ線で北海道を分割して北半分をソ連が占領することを提案している。また、彼はベルリンと同様に、東京を分割占領してソ連占領地区を設置することも考えていた。だが、トルーマンがソ連の北海道占領を拒絶したため、スターリンはこの方針を深追いしなかった。ここで日本の分割占領が回避されたことが、これ以降の日本とドイツの歴史を大きく異なったものにしたといえる。ただし、現在も続く北方領土問題の種が撒かれたのもこの時である。四五年八月は日本の戦後史の曲がり角であった。

米ソ関係の悪化

日本が降伏文書に調印した九月二日、第二次世界大戦は終結した。この頃から、世界各地の様々な問題をめぐって、米英とソ連の対立はさらに深まっていく。

ポツダム会談で設置が決定された外相理事会の初回は、一九四五年九月、ロンドンで開催された。この会議で焦点となったのは、ルーマニア・ブルガリア問題と対日占領管理機構の問題である。

ルーマニア・ブルガリア問題は、四四年末から四五年にかけてソ連が両国に樹立した親ソ政権が、ヤルタ合意に違反するとして承認されなかったことに起因する。一方、日本については、すでにアメリカがワシントンに対日占領管理機関である極東諮問委員会の設置を提案していたのに対し、ソ連が、自国がより大きな発言権を持つ機構の東京設置を求めたことが問題となった。

ジェームズ・バーンズ米国務長官は、アメリカが独占保有する原爆がソ連への圧力手段になると信じてロンドンに向かった。だが、その期待は見事に裏切られる。スターリンはまだ、原爆そのものを軍事的脅威とは見ていなかった。むしろ危険視されていたのは、原爆を保有して自信を深めたアメリカが、多くの譲歩を求めてソ連に強硬な態度に出ることであった。アメリカの独占を崩すため、スターリンが原爆開発指令を下したのは日本への原爆投下からわずか二週間後、八月二〇日のことであった。また、ロンドン外相理事会ではモロトフ外務人民委員が、原爆による脅迫はソ連には効かないことをバーンズに印象づけるように振る舞った。初めての外相理事会がほとんど成果のないままで散会することになったのも無理はない。

さらに、東欧諸国の共産党が「解放ヨーロッパのための宣言」を反故にし、共産党主導の統治を強化する動きを見せたことも米英の反発を強めた。ハンガリーでは四五年一一月に自由選挙が行われたが、共産党の得票は一七％にとどまった。共産党の党首ラーコシ・マーチャーシュは選挙後すぐにモスクワに呼び出され、彼の帰国後、ハンガリー共産党は他の政治勢力に対する攻勢を強めた。同月にはブルガリアでも選挙が実施されたが、ハンガリーとは異なり、こちらでは様々な不正行為が行われた。その結果、共産党が支配的な「祖国戦線」が八八%の票を得た。また、ルーマニアでも共産党に対抗する政治勢力への脅迫行為が行われた。

中東と東地中海をめぐる対立

この時期にもう一つ、特に英ソ対立の焦点となったのが中東と東地中海である。

すでに見たように、イギリスの戦後構想では広大な帝国の維持が重視されていた。スエズ運河を有する中東と東地中海沿岸地域は、イギリス本土と、中東・アフリカ・インド・東アジア・オーストラリア・ニュージーランドへと広がる帝国をつなぐ航空路・海路としてのみならず、石油供給源、さらには戦時にソ連の工業地帯を空爆するための空軍基地としても重要であった。この地域はイギリス帝国にとって死活的に重要だったのだ。

だが、この地域を重視していたのはソ連も同じである。大戦末期からスターリンは、ソ連が影響力を拡大する機会を狙っていた。そのターゲットがトルコとイランであった。

一九四五年六月、モロトフはトルコに対して、ボスポラス＝ダーダネルス海峡の共同管理と、ソ連＝トルコ共同海軍基地の建設を要求した。前述したように、海峡地域の支配はロシア／ソ連が一七世紀から追求してきたものであった。四五年の夏から秋にかけてソ連は、トルコと国境を接するブルガリアやルーマニアにソ連軍を移動させて圧力をかけつつ、トルコ側にこのような要求を繰り返した。

トルコの隣国イランでも摩擦は生じていた。それはイラン北部のソ連軍撤退をめぐるものであった。四二年一月、英ソはイランと条約を締結し、それぞれ南部と北部を占領した。ドイツと戦うソ連の支援経路を確保するためである。英ソ両軍は日本が降伏文書に調印した六カ月後の、四六年三月初めに撤退することに合意していた。しかし、ソ連は軍を撤退させず、むしろ兵力を増強し、イラン北部の石油利権を認めるようイラン政府に迫った。

さらにソ連は、四五年九月のロンドン外相理事会において、地中海沿岸のイタリア領リビアを東部と西部に分割し、英ソがそれぞれ信託統治することを提案した。リビア西部に海軍基地を置くことで、地中海に足がかりを築こうとしていたのだ。

こうしたソ連の動きに英米両国は強い警戒感を抱いた。アメリカは、前述したルーマニア・ブルガリア情勢と、中東や東地中海のそれを結びつけて理解していた。ソ連はルーマニアとブルガリアに親ソ政権を維持することで、その南側のトルコと海峡地帯、ギリシャ、イランを侵略し、中東から東地中海にかけて勢力圏を打ち立てようとしているというのである。

またイギリスも帝国維持の観点からソ連の行動を危険視していた。ポツダム会談の際にソ連は、ソ連船舶によるボスポラス＝ダーダネルス海峡の自由通行や、トルコ・ソ連の共同軍事基地建設を提案したがチャーチルはこれを拒絶した。また、アトリー政権の外相アーネスト・ベヴィンも中東・東地中海地域ではソ連に一切譲歩すべきではないと考えていた。ベヴィンは筋金入りの反共主義者で、第三勢力構想の実現を望んでいた。それゆえ彼はロンドン外相理事会でも、リビアに関するソ連の要求を一貫して拒否したのである。

モスクワ外相理事会

米政府内部でもソ連に対する懸念は高まりつつあった。東欧諸国に駐在するアメリカの外交官たちは、ソ連の東欧支配強化は、ナチス・ドイツのそれと似通ったものだとワシントンに報告していた。バルカン半島や中東、東地中海でのソ連の動きは、ソ連の安全にとって死活的に重要な東欧を越えて、さらなる勢力圏拡大をめざすものとの見方も強まっていた。軍部も、ソ連だけがアメリカの軍事的脅威となり得る国家だと考えるようになっていた。

一九四五年一二月のモスクワ外相理事会に、バーンズ国務長官が出席したのはこのような状況下のことであった。ロンドン外相理事会でソ連から譲歩を得ることに失敗したバーンズは、モスクワでは何らかの合意を得たいと考えていた。そこでバーンズは、共産党中心のブルガリア・ルーマニア両政府をアメリカが承認することと引き換えに、形式上はソ連代表も参加する対日管理理事会を設置することに成功した。米ソは互いに、東欧と日本を相手の勢力圏として認めあったのである。

この会議では朝鮮問題に関する合意も成立した。朝鮮独立問題を議論するための米ソ合同委員会を設置し、独立まで朝鮮半島を連合国の信託統治下に置くことになったのだ。このことは、四五年末の時点ではまだ、米ソともに南北分断は恒久的なものではなく、最終的には統一について合意できると考えていたことを示している。

だが対立の火種はまだ残っていた。イランとトルコをめぐる米英ソの対立は燻《くすぶ》り続けていた。次章で詳しく見るように、四五年後半から翌年にかけて、米英仏ソはドイツ占領管理をめぐっても対立していく。さらに、ブレトンウッズ協定の批准期限が近づいた四五年一二月、ソ連は同協定への不参加を表明した。ソ連が参加を取り下げた理由についてはまだ不明確な点が多い。ただし、これがアメリカ主導の秩序にソ連を統合するローズヴェルト構想への打撃となったことは確かである。そして四六年初め以降、アメリカの対ソ政策はソ連の統合から「封じ込め」へとその軸足を移していくことになる。

4 「封じ込め」への移行

長文電報

一九四六年一月五日、トルーマンはバーンズをホワイトハウスに呼び出した。大統領は、モスクワ外相理事会での議事をトルーマンに詳細に報告しないまま進め、ルーマニアとブルガリアについて安易な妥協を行ったとしてバーンズを叱責した。

トルーマンはイランにおいてもソ連には厳しい態度で臨むべきだと指摘し、次のように続けた。「ロシア人がトルコを侵略し、黒海海峡から地中海の獲得を意図しているのはまちがいないでしょう（中略）私たちはこれ以上妥協すべきではありません（中略）私は、ソ連を甘やかすのには飽き飽きしました」。このような考えは、この頃までにはアメリカ政府内で広く共有されるようになっていた。

当時アメリカの代理大使としてモスクワにいたジョージ・ケナンが、有名な長文電報《ロング・テレグラム》をワシントンに向けて発したのは、こうした状況下、四六年二月二二日のことである（ケナンは回顧録でこの電報が八〇〇〇語に及んだと述べたため、広くそのように信じられているが、実際の長さは五三〇〇語程度である）。

この電文でケナンは、ソ連は心理的・イデオロギー的な理由から西側を敵視する一方、ソ連国内では、共産主義に敵対的な資本主義諸国に包囲されていると喧伝《けんでん》することで、全体主義体制の維持を図っていると論じた。また、ソ連は機会があれば西側の力を弱め、自国の勢力を拡張しようとしているので、対ソ協調を放棄し、ソ連の影響力拡大を阻止する戦略へと転換するよう勧告した。

戦後のアメリカの対ソ政策は「封じ込め（containment）」戦略の名で知られている。これは、ケナンが四七年に「X」という筆名で発表した、ソ連の膨張を「封じ込める」べきだと主張した論文に由来する。実際には、アメリカ外交史の泰斗メルヴィン・レフラーが指摘するように、アメリカは四六年初めにはすでに封じ込め政策へと移行しつつあった。ケナンの長文電報は、トルーマンをはじめとするアメリカの指導者たちに、ソ連の行動を理解し、ソ連に対する新たな方針は正しいと確信させる根拠を提供したのである。

「鉄のカーテン」演説の実態

長文電報が発出されてまもない一九四六年三月初め、すでに首相の座を退いていたチャーチルは、トルーマンとともに米ミズーリ州フルトンのウェストミンスター大学にいた。チャーチルがこの大学を訪れたのは学長の招待状に次の一言が添えられていたからだった。「本学は私の出身州の素晴らしい大学です。あなたが訪問してくださるとよいのですが。私が紹介役を務めます。ハリー・S・トルーマン」。ここでチャーチルが、東西ヨーロッパをまたぐ「鉄のカーテンが下ろされた」と演説したことはよく知られている。

スターリンはこの「鉄のカーテン」演説にすぐさま反撃した。ニューヨーク・タイムズ紙のインタビューに応じたスターリンは、チャーチル演説は「対ソ戦争の呼びかけ」であるとして、チャーチルをヒトラーになぞらえて強く批判した。このやりとりはメディアの注目を集め、「鉄のカーテン」演説は冷戦の到来を告げるものとして記憶されることになる。だが、先に紹介した歴史家レイノルズは興味深い点を指摘している。

この演説のタイトルは「平和の要諦」というものであった。そして、チャーチルが本当に強調したかったのは、英米の「特別な関係」こそが平和の礎だという点であった。英米両国は団結してソ連と対峙し、強い立場から交渉することで重要問題についてソ連と合意し、平和を維持すべきだ。これがチャーチルの訴えようとしたことだったのだ。

チャーチルは、米英ソが外交による利害調整を行う余地がまだあると考えていたのである。しかし、メディアは「鉄のカーテン」というセンセーショナルなフレーズを殊更に取り上げ、米英ソが全面対決に向かっていると報じたのだ。

他方、旧ソ連の文書を検討した歴史家の多くは、鉄のカーテン演説に対するスターリンの反応は、計算に基づくものだったと指摘する。チャーチルの「好戦性」を強調することで、スターリンは、西欧諸国の大衆の戦争への忌避感を煽《あお》ると同時に、それに反発するソ連国民の支持を取りつけようとしていた。また、原爆によるアメリカの脅しにソ連は屈しないとの姿勢を誇示することもその目的であった。だからといってスターリンは、米英との全面対決を望んでいたわけではない。この後見るように、スターリンはアメリカの決然とした態度に直面した際にはすんなりと引き下がるのである。

イラン・トルコで譲歩するソ連

先に見たように、一九四五年末までにアメリカ政府は、これ以上ソ連に譲歩すべきではないとの意見でまとまりつつあった。こうした方針はまずイラン、次にトルコで示される。

四六年三月の撤退期限を過ぎてもソ連はイラン占領を続け、イラン政府はこの問題を国連安保理に提訴する。アメリカは、ソ連に撤兵を強く求め、イランを支持した。四六年八月初め、ソ連は改めてトルコにボスポラス＝ダーダネルス海峡地域での軍事基地設置を要求したが、ここでもアメリカは強く反対した。ソ連の行動を抑止するため必要なら軍事力行使も辞さないとの姿勢を示す必要があるとの考えから、アメリカは、最新鋭の空母フランクリン・ローズヴェルトを含む艦隊を東地中海に派遣した。トルコとイギリスも、アメリカに追随した。

アメリカの強固な態度に直面したスターリンは妥協を選び、イラン危機は五月までに、トルコ海峡危機は一〇月までには収束する。スターリンはイラン、トルコで機会主義的に利益を追求し、アメリカがどこまでソ連の影響力拡大を許すつもりなのかを探っていた。だが、東欧やドイツに比して周辺的な重要性しかない地域をめぐって、アメリカと戦争するつもりはなかったのである。

ギリシャ内戦

イランとトルコの危機が収束する一方、ギリシャ情勢は悪化していた。トルコの西側に位置し、地中海に臨むギリシャは、イギリスの中東・東地中海戦略において重要な国であった。一九四四年にドイツがギリシャから撤退した後、イギリスが、共産党や左派を中心とする対独抵抗組織の勢力を削《そ》ぎ、王党派を中心とするギリシャ政府を支えようとしたのはそのためである。しかし、イギリスに反発したギリシャ共産党は武装闘争を強化し、四六年末までには、左派の連合組織であるギリシャ国民軍と王党派政府の間で内戦が始まる。

中東と東地中海をめぐる一連の危機はアメリカの認識を大きく変化させた。イラン、トルコに対するソ連の圧力やギリシャにおける共産主義者の反乱は、ソ連の膨張主義の動かぬ証拠だと見なされるようになったのだ。冷戦初期アメリカの中東政策に関する著作のなかで小野沢透が指摘するように、このころからアメリカは、イラン、トルコ、ギリシャのいずれかがソ連の手に落ちれば、その背後にある中東全体がソ連の支配下に入ると考え始めた。

後で見るように、五〇年代半ばにドワイト・D・アイゼンハワー政権は、南ベトナムが共産化すればドミノ倒しのように東南アジア全域が共産化するという比喩を用いて、東南アジア情勢を語っている。だが、この「ドミノ理論」的な見方は四〇年代半ばのアメリカの中東認識のなかにすでに存在していた。そして、それは次章で見るトルーマン・ドクトリンのなかにも見いだすことができるのである。

西側は何を恐れたのか

第二次世界大戦が始まると米英ソ三国は大同盟を形成して枢軸国との戦いを主導した。しかし、大戦の帰趨《きすう》が明らかになるにつれ、米英とソ連が抱く戦後構想の矛盾が露呈し始めた。アメリカは、国際主義的なイメージに基づく新しい国際経済・安全保障秩序を構築しようとしていた。そしてローズヴェルトは、戦時の大同盟に基づく協調関係を戦後も維持することでソ連をアメリカ主導の戦後秩序に統合しようとしていた。

だが、イデオロギー的な世界観から、疑心暗鬼の目で米英を眺めていたスターリンは、ソ連の安全確保のために東欧支配を最優先し、中東や東アジアでも機会主義的に影響力を拡大しようとしていた。こうしたソ連の行動に米英は危惧を強め、大同盟は弱体化していく。東欧や中東、東地中海をめぐって、まずイギリス、次にアメリカがソ連に妥協しない方針へと転じていった。そして一九四六年初めまでにアメリカは、事実上の対ソ封じ込め戦略を採択していた。

ただし、だからといって米英が、ソ連との大規模な戦争を想定していたわけではない。ソ連は第二次大戦で疲弊しており、アメリカは原爆を独占していた。このような状況のもと、ソ連が意図的に対米戦争を仕掛けるとは考えにくかった。ケナンも長文電報で「力の論理に極めて敏感な」ソ連は「強力な抵抗に直面すると、簡単に退却する。（中略）状況に的確に対処することができれば、威信を賭けた対決の必要性はない」と指摘していた。

では、アメリカの政策決定者たちはソ連の何を恐れていたのだろう。それは、戦後のヨーロッパや日本における社会状況をソ連が利用することであった。数年間にわたる第二次世界大戦は、ヨーロッパ各国や日本の社会システムを大きく破壊・疲弊させていた。大戦末期の四五年四月にヨーロッパを訪れた、あるアメリカ政府高官はトルーマンとヘンリー・スティムソン陸軍長官に、ドイツとその周辺地域である中欧においては「経済、社会、政治の完全な崩壊が進んでおり、その程度は歴史にも例がない」と報告している。その一カ月後にはスティムソンも「中欧では次の冬には疫病《えきびょう》の流行と飢饉が発生し」「それに政治的な革命と共産主義者の浸透が続く可能性がある」とトルーマンに書き送っている。

つまり、アメリカにとってソ連の脅威とは、混乱した戦後社会のなかで台頭すると予想された左翼勢力を利用し、東欧の勢力圏を越えてソ連が影響力を拡大することにあった。四六年初冬までに西側の指導者は、このような危険性を強く感じるようになっていたのである。

第3章

ヨーロッパの冷戦、アジアの熱戦

朝鮮戦争下に撮影された少女とその弟（1951年6月）

一九四〇年代後半から五〇年代の初めにかけて冷戦は新たな段階に入った。四七年になるとアメリカは、ヨーロッパにおいて一方的に安全を確保する方針をとるようになり、ソ連も西側との協調を完全に放棄した。緊張は劇的に高まり、ヨーロッパは本格的に分断されていった。その根幹にあったのが、国際秩序におけるドイツの位置づけ、つまりドイツ問題をめぐる対立であった。

アジアでも米ソは、戦後構想の転換を余儀なくされた。国民党と中国共産党の内戦が後者の勝利に終わり、統一された中国を前提とする米ソの戦後構想は破綻した。中国に代わって、日本がアメリカの安全保障戦略の要となる一方、中ソは同盟国となった。五〇年に朝鮮戦争が始まると、米ソおよび米中間の軍事的な緊張はさらに高まっていく。朝鮮戦争はまた、アジアのみならずヨーロッパにも影響を与え、両地域の基本的な対立構図を確定させることになる。本章では、この過程を詳しく見ていこう。

1　分断が進むヨーロッパ

厳冬と西欧の危機

第二次世界大戦はヨーロッパに大規模な破壊と人的被害をもたらした。しかし、生産設備の被害が当初の予想よりも限定的だったこともあって、一九四六年末までにはインフラや住宅の復旧が比較的順調に進んだ。とはいえ物資の不足、とりわけ、深刻な食料不足が経済復興、そして人々の心の足かせとなっていた。

四七年初めにヨーロッパは、一八八〇年以来最悪の寒波にみまわれた。降雪や凍結によって交通網が完全に麻痺し、生産活動は滞り、燃料と食料の不足が人々を苦しめた。イタリアやフランス、ベルギーなどでは共産党が連立政権の一角を占める一方、労働組合などと提携したり、大規模なデモやストライキを組織するなどして人々の怒りや不満を糾合するようになった。歴史家トニー・ジャットがその浩瀚《こうかん》なヨーロッパ戦後史で描いたように、四七年春の西欧は「内戦と革命の亡霊」と向きあっていた。

厳冬による燃料と食料の不足に抗議するドイツの人々（1947年3月）

トルーマン・ドクトリン

厳しい冬はもちろんイギリスにも訪れた。厳冬と経済の停滞に苦しむイギリスの駐米大使が、アメリカ国務省を訪ねたのは一九四六年二月二一日のことである。大使は、経済危機に直面しているイギリスは、今後六週間のうちにギリシャから四万人の兵力を引き上げ、ギリシャとトルコ両政府に対する支援を打ち切ると通達した。

前章で見たが、四六年秋までにアメリカ政府内では、ギリシャとトルコが中東地域における「最初のドミノ」になり得るという合意ができあがっていた。そのため、彼らはイギリスの責任を肩代わりするとの決断を下した。

問題はどのように議会を説得するかであった。四六年一一月の中間選挙で与党・民主党は敗北し、連邦議会は減税と歳出削減を求める共和党議員が支配するようになっていた。議会を説得して対外援助のための予算案を可決させるためには「アメリカ国民を怯えさせなければならない」。このようにトルーマンに助言したのが共和党のアーサー・ヴァンデンバーグ上院外交委員長である。

第二次大戦前、ヴァンデンバーグは孤立主義者であった。しかし大戦を経て、戦後世界の平和と安定のためにはアメリカの対外関与が不可欠だと確信するようになった彼は、民主党の大統領の政策を全面的に支持し、議会説得のための助言すら行ったのだ。

四七年三月一二日、議会での演説に臨んだトルーマンは、四億ドルの対ギリシャ・トルコ経済・軍事援助を承認するよう要請した。トルーマン・ドクトリンとして知られるこの演説では、両国に対する支援の「広範な意味」が強調された。世界のほとんどの国が自由な政治制度と、抑圧的な「全体主義体制」の選択を迫られている今、「武装した少数者や外部勢力による支配の試みに抵抗している自由な人々」をアメリカは支援せねばならない。名指しこそしていないものの、それがソ連の脅威を意味していることは明らかであった。

実際のところ、ソ連はギリシャの共産主義者にほとんど肩入れしていなかったことが、旧ソ連史料を用いた近年の研究で明らかにされている。ギリシャの共産化は望ましい。だが、米英と対立するほどの価値はないとスターリンは判断していた。むしろ彼は、政府に対するゲリラ戦を拡大したギリシャ国民軍と、それを支援するユーゴスラヴィアのヨシップ・ブロズ・チトー首相に苛立っていた。ソ連に対する米英の敵意を惹起しかねなかったからだ。

一般にトルーマン・ドクトリンは「冷戦開始の号砲」といったイメージで理解されてきた。だが、ソ連指導部はそのように感じてはいなかった。チェコ出身の歴史家ヴォイチェフ・マストニーが指摘するように、「ソ連の外交政策に及ぼしたインパクトという点では、トルーマン・ドクトリンはこれまで考えられてきたような重大な転換点ではなかった」。ヨーロッパ冷戦の本当の分水嶺は、この後見るマーシャル・プランであり、その根底にあったのがドイツ問題であった。

ドイツをめぐる対立

一九四五年後半以降、戦後秩序におけるドイツの位置は、米ソ間で最も深刻な問題であった。ただし、戦後初期のドイツをめぐる対立は単純な東西対立の図式では理解できない。当時のフランスの立ち位置が、このことをよく示している。

ソ連がドイツ弱体化と高額の賠償の取り立てを望んでいたことは前章で見たが、フランスも同じ考えであった。フランスは、独仏国境地域の重要な工業地帯であるルール・ザール両地方について、前者の国際管理と、後者のフランス併合を要求していた。フランスにとってドイツは、一九世紀には普仏《ふふつ》戦争、そして二〇世紀には二度の大戦で争った不倶戴天《ふぐたいてん》の敵であった。それゆえ、ドイツを軍事的に無力化し、その資源や生産物をフランスの経済復興に利用するという方針がとられたのである。

興味深いのは、フランスがソ連との提携を重視していたことである。四四年一二月、フランス共和国臨時政府を率いるシャルル・ド・ゴール将軍はスターリンと同盟条約を締結した。ドイツが再び台頭した際に、ともに対抗することを約したのである。フランスはまた、ソ連との提携によって「仏ソ」と「米英」のバランスを保ち、国益と安全を確保しようとしていた。大国間の同盟関係を操作することで、自国と米英ソとの国力差をカバーしようとしたのだ。

四六年一月にはド・ゴールが辞任し、フランス共産党も参加する連立政権が誕生した。この新政権が、前政権と似通った方針をとったため、ドイツを単一の経済的単位として扱うというポツダム合意の維持は困難になっていく。仏ソがドイツの経済的弱体化を主張し続けたのに対し、四六年中ごろまでに米英はドイツの経済復興を優先すべきだとの結論に達していた。ドイツ経済の復興なくして西欧全体の経済復興はなく、そうなれば西欧の政治と経済が混乱して共産主義者が勢力を拡大すると判断されたのである。

そこでアメリカは、米英仏三国占領地域の経済的統合にとりかかった。同じころにはイギリスも米英占領地区の統合を望むようになっていた。経済状況が悪化し、占領経費の負担に耐えられなくなったからである。四七年一月には米英占領地区の統合が実現した。

アメリカ占領地区の軍政長官であったルシアス・クレイ将軍は、米英統合地区が迅速に経済復興を達成すれば、仏ソもそこへの参加を望むようになると期待していたが、両国は反対し続けた。しかし、四七年の厳しい冬は、ドイツ、そしてヨーロッパの経済復興を待ったなしの問題としていた。

マーシャル・プラン

一九四七年三月初め、ジョージ・マーシャル米国務長官は四カ国外相理事会のためにモスクワを訪れた。ドイツ経済が復興すれば、ソ連を含むすべての国々が恩恵を得るはずだ。六週間にわたってマーシャルはスターリンを説得しようと試みた。だがスターリンは応じず、最後の会談でも、引き続きドイツをめぐる交渉を続けるべきだとの態度をとった。ドイツ弱体化を望むスターリンは、西側との交渉を引き延ばすことでドイツの経済復興を遅らせようとしていたのだろう。

会談を終えたマーシャルは、ソ連にはドイツをめぐる対立を解消し、ヨーロッパ経済を復興するための協調行動をとるつもりはないとの結論に至った。歴史家ベン・ステイルが指摘するように、「いまやアメリカ政府はソ連抜きで、いや必要とあればソ連に反対してでも」行動を起こさなければならないとマーシャルは決心した。

帰国したマーシャルはケナンを国務省政策企画室の初代室長に任命し、経済援助計画を練るよう命じた。「ヨーロッパ経済復興計画」、いわゆるマーシャル・プランが発表されたのは、六月初め、ハーバード大学の卒業式で来賓としてマーシャルが行った演説においてである。ここで彼は、東欧とソ連を含む、すべてのヨーロッパの国々に大規模経済援助を行う用意があると発表し、合同で復興計画を策定するよう呼びかけた。

マーシャルの演説をBBCラジオで聞いたベヴィンは、すぐにフランスのジョルジュ・ビドー外相に連絡をとった。英仏でアメリカの援助を受け入れる方向へヨーロッパをリードしようと考えたのだ。

ビドーもベヴィンの働きかけに応じた。このころまでにフランス外交は大きく変化していた。米英とソ連の間で対立が深まるなか、フランスが強硬な対独方針を維持することは難しくなりつつあった。四七年前半、フランス外交に転機が訪れた。まず、前述した三月のモスクワ外相理事会で、ソ連がフランスのルール国際化提案を明確に拒絶した。これによって、仏ソの対独提携の芽が断たれた。また五月初めには、四四年以来仏ソ同盟の維持を主張してきた共産党が連立政権から排除された。だが、何よりも大きかったのは、アメリカがトルーマン・ドクトリンとマーシャル・プランを発表し、長期にわたってヨーロッパに関与する姿勢を明確にしたことであった。フランス自身もアメリカの経済支援を必要としていた。

こうしてフランスは、ドイツの経済復興を前提とした、マーシャル・プランの受け入れへと転換していく。それは、英米とソ連をバランスさせる政策を放棄し、米英の側に与《くみ》することを意味していた。パリ第三大学のフランス外交史家フレデリック・ボゾによれば、それは「苦渋に満ちた政策変更」であった。ビドーは、ベヴィンとともに精力的な外交を展開し、七月半ばにパリで始まった欧州復興計画会議の開催に大きく貢献した。

東欧支配の強化

マーシャル・プランに対するスターリンの反応は、トルーマン・ドクトリンへのそれと大きく異なっていた。東欧諸国がマーシャル・プランに参加すれば、経済援助を通じて東欧に対するアメリカの影響力は拡大する。そうなれば、ソ連の勢力圏が損なわれることはまちがいなかった。

実のところケナンは、ソ連の不参加を見越して東西ヨーロッパすべてを対象とする計画を提示していた。アメリカ提案をソ連に拒絶させることで、マーシャル・プランが必然的にもたらし得る東西ヨーロッパ分断の責任をスターリンに負わせようとしたのだ。事実、ソ連は、一旦は復興計画会議に参加したものの退席し、東欧諸国にも会議参加を禁じた。スターリンはこれを機に、まだ完全には放棄していなかった米英との協調から決別したのだ。この意味でマーシャル・プランこそがヨーロッパ冷戦の分水嶺だったのである。

まもなくスターリンは東欧の統制強化に着手した。四七年九月、ポーランドで東欧諸国と仏伊の共産党代表が集まる会議が開催された。ここで各国共産党の連絡組織であり、コミンフォルムの名で知られる共産党・労働者党情報局の設立が合意された。この会議に登壇したソ連のアンドレイ・ジダーノフは、世界がいまや「二つの陣営」に分裂しているとして各国共産党の連帯を訴えた。

前章で見たように、四七年半ばには東欧諸国の多くは人民共和国の体制をとり、共産党を中心しつつも、他の政治勢力も参加する連立政権が国政を担っていた。しかし、コミンフォルム設立後、ポーランド、ブルガリア、ルーマニア、ハンガリーの共産主義者は他の政党を解党し、共産党一党による支配を強化していった。なかでも、その後の冷戦に大きな影響を持ったのが四八年二月のチェコ・クーデタである。それまで連立政権が存在していたチェコスロヴァキアでも共産党一党支配が確立したのだ。

四八年六月にはユーゴスラヴィアがコミンフォルムから追放された。ユーゴスラヴィアは、チトーの指導のもと、早くも四六年には五カ年計画経済制度を採用するなど、ソ連型社会主義体制の確立に向けて邁進《まいしん》していた。ソ連の「模範的」な同盟国だったといえるだろう。コミンフォルムの本部が同国の首都ベオグラードに置かれたのもそのためである。

にもかかわらずユーゴスラヴィアが追放されたのはなぜか。有力な説は、ソ連の支援を受けずに独力で共産党が権力を握った同国が、スターリンの管理や命令を拒んだというものである。これに対して、東欧の統制強化のためにスターリンが「模範的」なユーゴスラヴィアを敢《あ》えて「スケープゴート」にしたという説もある。いずれにせよ、同国の追放はソ連による東欧支配強化のなかで生じたといえる（なお、コミンフォルム追放を機にユーゴスラヴィアは独自の外交路線をとっていく。そして第５章で見るように、五〇年代半ば以降、チトーは、アジア・アフリカ諸国の首脳とともに東西いずれの陣営にも与しない非同盟運動を主導するようになる)。

さらに四九年一月にはソ連と東欧の経済関係を強化するため、経済相互援助会議(コメコン)も設置された。こうしてスターリンが政治・経済の両面において東欧に対する支配体制を固めていた時、鉄のカーテンの反対側でも西部ドイツを西側に組み込もうとする動きが進んでいた。それが東西間の大きな危機を引き起こすことになる。

ベルリン封鎖

一九四八年春、米英仏と、ベルギー、オランダ、ルクセンブルクのベネルクス三国は、米英仏の占領地区を統合して西ドイツ政府を設置し、通貨改革を実施することに合意した。だが、これはスターリンの望むところではなかった。ソ連が対独安全保障を確保するには、ドイツ全体、とりわけドイツ西部の産業地帯について発言権を維持することが肝要であった。またスターリンは、再統一されたドイツが最終的に社会主義国になることを望んでいた。そこで彼は、西ドイツ建国へと突き進む西側にブレーキをかけようとする。

その手段として選ばれたのが西ベルリンであった。四五年以降、米英仏ソに分割占領されていたベルリンは、米英仏が占領する西部ドイツとの境界から約一七〇キロ、ソ連が占領する東部ドイツのほぼ中央にあった。しかもソ連は東部ドイツと東欧に大規模な兵力を展開していたから、西側に対して圧倒的な軍事的優位に立っていると考えられた。西側による防衛が極めて困難な「陸の孤島」西ベルリンの状況を利用して、スターリンは西側に圧力をかけようとしたのである。

四八年六月二四日、ドイツの西側占領地区から西ベルリンへの地上交通路は遮断され、ソ連占領地域からの食料やエネルギーの供給も停止された。そしてソ連政府は、ドイツの四カ国占領管理を再開し、統一ドイツ政府を樹立して平和条約を締結したうえで、占領軍が撤退することを要求した。

たとえ最終的に西ベルリンを防衛できなくても、ソ連の圧力に屈するわけにはいかない。そこでトルーマン政権は大規模空輸作戦を実施し、西ベルリン市民に食料と燃料を供給し続けた。また、ベヴィンの勧告に基づいてトルーマンは、ソ連領内を攻撃可能なB－29爆撃機――広島と長崎への原爆投下に使われた――をイギリス領内の基地に配備する決定を下した。実際にはこのB－29には原爆を搭載する装備は施されていなかった。トルーマンは、いざとなれば核兵器の使用も辞さないとのメッセージをスターリンに送ったのである。

その気になればソ連は空輸を妨害することも可能であった。しかし、スターリンはその道をとらなかった。彼は第三次世界大戦を望んではいなかったのだ。結局、空輸作戦が一年間続いた後、四九年五月にスターリンは封鎖を解除する。スターリンの目論見《もくろみ》は失敗した。だが、それだけではなかった。ベルリン封鎖危機は西側のヨーロッパ防衛体制の強化を促進したのである。

大西洋同盟の形成

前章で見たように、ベヴィンの外交指導のもとでイギリスは、フランスや他の西欧諸国とその植民地を糾合し、米ソ間の「第三勢力」をめざす構想を追求していた。一九四七年春、英仏は対独安全保障を目的とするダンケルク条約を締結したが、同条約はこの構想の一部をなすものであった。また、ベヴィンがビドーとともにマーシャル・プラン受け入れをリードしたのもそのためである。

ヨーロッパをめぐる米英仏ソの対立が決定的になりつつあった四八年一月、ベヴィンは、英仏を中心に西欧諸国の結束を強化するための「ウェスタン・ユニオン」創設を提案した。その実現に向けて四八年三月には、英仏とベネルクス三国の間でブリュッセル条約が調印された。

折しもその前月にはチェコ・クーデタ、六月にはベルリン封鎖危機が発生し、西側諸国間では西ドイツ建国も議論されていた。こうしたなか英政府内では、軍事的にも経済的にも依然として大きな弱点を抱えた大陸の西欧諸国との連携は好ましくないとの認識が強まっていた。その結果、四九年初めまでにイギリスは、第三勢力構想を放棄し、英米二国間の軍事・経済的関係の強化――「特別な関係」の構築――をめざす方針へと転換したのである。

他方、東西関係が悪化し、西部ドイツの復興が進められる方針が確定すると、フランスやベネルクスなど西欧諸国は、ソ連とドイツの双方に対する安全を保障するようアメリカに迫った。そのための最善の策は、アメリカのヨーロッパ防衛関与を明記した条約の締結である。これがトルーマンとディーン・アチソン国務長官の判断であった。ベヴィンもまた、アメリカ側に防衛条約の締結を強く求めた。

だが、アメリカの国内政治が再び問題となる。戦後のアメリカでは依然、ヨーロッパへの新たな関与や国防予算拡大への反対が強く、西欧の「自助努力」が伴わないまま、アメリカが一方的に防衛関与すべきではないとの声が強かった。先に言及したブリュッセル条約には、西欧側の「自助努力」をアメリカに向けてアピールする意味もあったのである。

事実、トルーマンが議会で西欧への軍事支援を行う意志を表明したのは、ブリュッセル条約が締結されたまさにその日であった。トルーマン政権は議会の説得にも奔走した。その結果六月には、国連憲章で定められた集団的自衛権に基づき、軍事同盟に参加することを支持する議会決議が、圧倒的多数で可決された。

こうしてアメリカが伝統的な孤立主義を乗り越えると、アメリカとカナダ、西欧諸国間の協議が始まり、四九年四月には北大西洋条約が調印された。その後まもなく加盟国は、共同防衛に必要な統合軍事機構の設立に取り組み、約一年後には北大西洋条約機構（NATO）の仕組みが整えられたのである。

東西ドイツの成立

ベルリン封鎖で西側に圧力をかけるというスターリンの目論見は裏目に出た。それは西側諸国の危機感を高め、北大西洋条約の締結を後押しする結果となった。さらに西側は、空輸作戦のかたわらで西ドイツ建国への歩みを着々と進めていた。四九年五月にはドイツ連邦共和国（西ドイツ）が建国され、キリスト教民主同盟の政治家コンラート・アデナウアーが首相に就任した。

最終目標であった親ソ的な統一ドイツの実現はもはや不可能と悟ったスターリンは、ソ連占領地区に独自のドイツ国家を設置することを決めた。東ベルリンを首都とするドイツ民主共和国（東ドイツ）が誕生したのは、一〇月のことである。ただし、東ベルリンはこれ以降もソ連の管理下に置かれた。

米英仏による西ベルリン占領は、二つのドイツが成立した後も続いた。ベルリン封鎖危機が始まると、ソ連は、ベルリンの四カ国管理体制は事実上終わったとの態度をとった。これ

出典：ウォルター・ラフィーバー『アメリカVSロシア』47頁、青野利彦『「危機の年」の冷戦と同盟』19頁をもとに作成

に対して米英仏は、同市の四ヵ国管理を定めた四五年の取り決めは失効していないとして西ベルリンの占領体制を維持したのである。また西側は、占領体制が存続する以上、西ドイツと西ベルリンの間にある通行路を自由に行き来する権利を持ち、西ベルリンはNATOによる共同防衛の対象となるとの立場をとった。

このように四九年末までには東西二つのドイツ国家が成立した。ベルリン封鎖危機という深刻な対立があったにもかかわらず、ヨーロッパの冷戦は、文字通り「冷たい」ままにとどまった。米ソは、ドイツで自らに有利な状況を作り出すため強硬姿勢をとり、両国間では深刻な危機が発生した。しかし両国は、第三次世界大戦の勃発を避けようとした。だが、アジアでの対立はヨーロッパとは正反対の道筋をたどることになる。

2　国共内戦と東アジア

中国大陸における米ソの戦後構想

一九四五年八月に日本が戦争に敗れると、中国大陸と朝鮮半島では、新国家建設をめぐって現地勢力の対立・衝突が発生することになった。

中国大陸では一九二〇年代末以降、蔣介石を中心とする国民政府（国府）と毛沢東の率いる中国共産党の間で激しい内戦が繰り広げられた。しかし、三〇年代半ばになると、両者は一旦対立を棚上げする。日本の帝国支配に対抗するためであった。だが、日本という共通の敵が消滅すると、再び、国府と中国共産党の間で衝突が発生するようになる。

ローズヴェルトが国府にアジアの「警察官」の役割を期待していたことは前章で見た。四二年の連合国共同宣言でも国府は、米英ソとともに同宣言を発議する「大国」として扱われ、国連安保理でも常任理事国の地位を与えられた。ローズヴェルトが望んだのは、国民党が指導的な役割を果たしつつも、中国共産党を含む様々な政治勢力からなる連合政権が、新しい民主的憲法に基づいて統治する中国であった。トルーマン政権もこうした方針を引き継いだ。四五年末にトルーマンが、国共を仲介するためにジョージ・マーシャル将軍を特使として派遣したのはそのためである。

興味深いことに、アメリカの方針は、ソ連のアジア戦後構想とも合致していた。スターリンは、毛沢東やその同志のイデオロギーに疑いを持ち、彼らを「マーガリン」共産主義者とよんでいた。「真性」の共産主義者ではないという意味である。戦後しばらく、スターリンが中国共産党のみならず国府との関係を重視したのも、中国で共産主義革命が成功する可能性は低いと見ていたからだ。また、国府との関係は、米英との協調を維持するうえでも重要であった。

ソ連は中国共産党に対して、国民党と協調するように圧力をかけていた。華東《かとう》師範大学の中国外交史家である牛軍《ぎゅうぐん》が指摘するように、四五年夏の時点で米ソは、国府を正統政府とし、国共内戦を防止することに共通の利害を見いだしていた。しかし、米ソの戦後構想は現地勢力の動きによって破綻していくことになる。

四五年八月九日未明、ソ連は満洲に進撃し、日本軍を打倒して中国東北地域を占領した。同時にソ連は国府との交渉を進めてもいた。ヤルタ会談で米英がソ連に認めた諸権益のうち、中国に関わるものを引き渡すよう国府に迫ったのである。蔣介石の方でも、一定の譲歩と引き換えに、中国の正統政府としてソ連の承認を得たいと考えていた。こうした双方の思惑が一致し、八月一四日には中ソ友好同盟条約が締結される。

ただし、この条約をもってソ連が国府の友邦となったわけではない。反共主義者の蔣介石は、ソ連こそが日本降伏後の新しい敵であり、中国共産党を国府への脅威と見なしていた。中国共産党の方でも国府に対する不信は根強かった。共産党は、ソ連が占領した満洲を、国府に対抗するための拠点として確保すると決意しており、国府はこれを阻止するつもりであった。交渉を求める米ソの圧力に直面した両者は、会談を行うかたわら、満洲の支配をめぐって戦い続けたのである。

国共内戦の全面化

中国大陸をめぐる米ソ、そして国府・共産党の関係において満洲は重要な意味を持った。マーシャルによる仲介が奏功し、一九四六年一月に国共間での会談が再開されると、アメリカはソ連に、撤退期限を越えて満洲駐留を続けていた軍を撤退させるよう圧力をかけた。前章で見たように、四六年初めまでにトルーマン政権は、ソ連にこれ以上妥協すべきではないとの考えでまとまりつつあったが、それが中国政策にも影響したのだろう。

三月初めにソ連は突然、満洲からの撤退を開始し、撤退地域に進軍するよう中国共産党に求めた。さらに六月、アメリカが国府への軍事援助を継続することを明らかにする。これを機に蔣介石は、共産党の満洲進軍を阻止するために攻勢を強め、四六年半ばまでに中国は全面的な内戦へと陥った。ソ連撤退が国府による攻勢強化のきっかけを生み、アメリカの支援決定がこれを後押ししたのである。

四六年末までにトルーマンは仲介に見切りをつけ、マーシャルを帰国させた（まもなくマーシャルは国務長官に就任し、半年後には彼の名を冠したヨーロッパ復興計画を発表することになる）。中国共産党と国府というローカル・アクターの内戦により、中国に軸足を置いたアメリカの戦後構想は破綻した。その結果、四七年初めからアメリカは、アジア戦略の中心を日本へと移していく。四七年には、ヨーロッパとアジアの双方でアメリカの対外戦略が大きく転換したのである。

ソ連の戦後構想も国共内戦で大きく揺らいだ。四六年末ごろからソ連が共産党への援助を開始していたのは確かである。しかし、その後もスターリンは国府との関係を重視していた。すでに見たように、四五年八月にソ連と国府は同盟条約を結び、ヤルタ会談で米英がソ連に約束した権益の引き渡しを確認していた。スターリンが国府との関係維持にこだわったのはそのためであり、共産党政権の中国と新しい同盟条約を結ぶことに後ろ向きだったのも同じ理由による。四七年半ば以降、毛沢東の訪ソが何度か計画されたが、国府との関係を慮ったスターリンはこれをすべて延期している。

内戦での共産党優位がある程度確定した四八年四月になると、スターリンは中国共産党を全面的に支援するよう命じた。しかし、四九年一月にも再び毛沢東訪ソは延期され、代わりに中央委員会政治局員のアナスタス・ミコヤンが北京《ペキン》に派遣されている。この時ミコヤンは共産党側に大規模な経済・技術支援を約束したが、新しい同盟条約を結ぶ可能性については言及していない。依然としてスターリンは、国府と中国共産党との間で慎重に事態の行く末を見守ろうとしていたのだ。

「向ソ一辺倒」の内実

一方、中国共産党も米ソとの距離感を慎重に見極めようとしていたようだ。一九四七年以降もアメリカは国府への支援を続けていた。その間、中国共産党の指導者たちは、アメリカに批判的な態度をとりながらも、その対中方針が転換することへの期待を捨てていなかった。国民党との内戦を戦い抜くために米ソ双方から支持を得たい、アメリカを引きつけることで国民党への支持を弱めたい、というのが彼らの考えだったのだろう。

四八年中ごろになると、中国共産党は新国家の建設準備を開始した。翌四九年三月までには外交方針も確定され、ここでは、新中国はソ連陣営に与するという「原則性」が強調された。この原則は、六月末に毛沢東が「向ソ一辺倒」という方針を示すことで再確認された。これによって中国共産党は、チトーのユーゴスラヴィアのように、中国が東側から離反するのではないかというソ連の懸念を払拭《ふっしょく》しようとしたのだ。また四九年一月に訪中したミコヤンが大規模な経済・技術援助を確約したことも、ソ連への傾斜を促した。

中国外交史研究者の青山瑠妙《あおやまるみ》が指摘するように、興味深いのは、前述した共産党の外交方針において、東側に与する「原則性」と同時に、「帝国主義国」を含むすべての国々と通商・外交関係を締結する「柔軟性」が示されていたことである。事実、四月から七月にかけてアメリカと中国共産党の間では秘密交渉が持たれた。向ソ一辺倒の方針をとりつつも、毛沢東は、アメリカと国府の関係断絶などを条件に対米関係を改善する可能性を探っていた。

アメリカの方でも、共産主義を標榜しながらも強いナショナリズムを抱く毛沢東の中国が「チトー化」することを期待していたのである。

結果的には、この米中交渉はうまくいかなかった。しかし、これ以降も中国共産党は、貿易政策の主軸をソ連・東欧に置きつつも、西側諸国との貿易を積極的に推進し、これを国交樹立のための手段とする方針をとった。そして、こうした方針は新国家樹立後も維持されていくのである。

中華人民共和国の建国

中華人民共和国（中国）の建国が宣言されたのは一九四九年一〇月一日のことであった。建国の翌月、中国は世界労連アジア・オセアニア会議を開催した。この会議に登壇した劉《りゅう》少奇《しょうき》は、帝国的支配のもとに置かれた世界の人々に武装闘争を呼びかける演説を行った。この演説は「劉少奇テーゼ」の名で知られている。これ以降、中国は、「国際共産主義」の考えに則り、アジア各国の革命勢力や反植民地主義者を支援していくことになる。

四九年一二月には毛沢東が訪ソし、三カ月にわたって滞在した。五〇年二月には中ソ友好同盟相互援助条約も調印される。日本および「何らかの形で日本国と連合する国」——つまりアメリカ——の侵略防止をうたうこの条約で、中ソは同盟国となった。ここに、国府との関係維持を前提とするソ連の東アジア戦後構想も完全に転換した。

ただし、これによって中国と西側の関係が断絶したわけではない。建国以降も中国と西側諸国との貿易関係は維持され、新国家の貿易の大きな割合を占めていた。こうした傾向は朝鮮戦争が勃発するまで続いていく。

一方、内戦に敗れた国府は、四九年一二月初めまでに政府と国民党の機構を台湾に移した。その後、蔣介石政権は「大陸反攻」、中国政府は「台湾解放」と、自らが主導する形での国家統一を掲げるようになった。二〇年代に始まった国共の戦いは台湾海峡を挟んで続いたのである。

南北朝鮮国家の成立

朝鮮半島でも事態は大きく動きつつあった。日本の植民地支配が終わった一九四五年九月初め、朝鮮半島全体を覆う「朝鮮人民共和国」の建国が宣言された。左右様々な政治勢力を結集して作られた「建国準備委員会」によるものであり、その閣僚名簿には後に南北朝鮮国家の指導者となる李承晩と金日成の名前もあった。

しかし、朝鮮半島に上陸した米軍は新国家を承認せず、米国軍政庁による統治を開始した。朝鮮戦争の起源に関する記念碑的な書物を著したブルース・カミングスによれば、これ以降、米国軍政庁は、強力な反共主義者でナショナリストであった李承晩らを中心に、南部朝鮮に単独政府を作り上げる手立てを着々と進めていった。

前章で見たように、四五年一二月のモスクワ外相理事会で米ソは、独立のあり方について議論するために米ソ合同委員会を設置し、独立まで朝鮮半島を連合国の信託統治下に置くことなどについて合意していた。華東師範大学で中国の冷戦史研究をリードしてきた沈志華《しんしか》によれば、四五年から四七年にかけてスターリンは、北朝鮮における影響力を確実にしつつ、ソ連に友好的な南北統一国家を樹立したいと考えていた。

米ソ合同委員会は四七年七月までに二回開催されたが、合意には至らなかった。四七年前半、アメリカ政府内では、南部朝鮮に国家を樹立し、日本と経済的に結合させる方針が検討され始めていた。それは、次に見る対日政策の転換と密接な関係にあった。アメリカは、モスクワ外相理事会（第2章）での合意を放棄し、米国軍政庁が現地で独自に進めていた単独国家樹立の方針を容認する方向に転じたのだ。李承晩を大統領とする大韓民国（韓国）が建国されたのは四八年八月のことであった。ソ連も方針を転換し、翌月には金日成の率いる朝鮮民主主義人民共和国（北朝鮮）の建国が宣言された。

「二つのコリア」はこうして成立した。しかし、李承晩も金日成も統一をあきらめておらず、それぞれ「北進統一」「国土完成と祖国統一」というスローガンを掲げて機会を狙っていた。

これが後述する朝鮮戦争の直接の契機となるのだが、戦争勃発について見る前に、中国大陸や朝鮮半島も視野に入れて形成されたアメリカの対日政策を確認しておこう。

アメリカの対日政策の転換

一九四五年の八月一五日、日本はポツダム宣言を受諾した。連合国による占領統治の中心となったアメリカは、当初、日本の民主化と非軍事化に力を入れた。アジア・太平洋戦争をもたらした軍国主義の再発を防ぐためである。しかし、ヨーロッパと東アジア、特に中国大陸での情勢変化を受けて、アメリカの対日政策は四七年ごろから変化していく。このころまでにアメリカは、ヨーロッパでは対独政策を転換してマーシャル・プランを発表し、東アジアでは中国をアジアの警察官とする構想も挫折していた。こうしたなか、新たなパートナーとして浮上したのが日本である。

四七年五月、当時は国務次官であったアチソンが、日独に対する経済援助の重要性を訴える演説を行った。アジアとヨーロッパの経済復興は、それぞれ日独に依存しているというのである。敗戦国だった日本とドイツは、二つの地域におけるアメリカの政策のなかで同じ位置づけを与えられたのだ。

四六年に長文電報を送付したケナンも対日政策の変更に大きな役割を果たした。国務省政策企画室長としてケナンは、中国にはこれ以上関与せず、日本をアメリカのアジア安全保障政策の中心に据えるべきであるとして、日本の経済復興を重視する方向への転換を勧告していた。そして四八年秋以降、アメリカの対日政策はケナンの構想を基礎とするものとなっていく。

日本に関するトルーマン政権の見方は、西欧に関するそれと対をなしていた。ソ連が日本に軍事攻撃を仕掛けることは考えにくいが、日本の経済復興が滞れば政情不安が生じ、国内で共産主義者の勢力を拡大する恐れがあるというものだ。そして、戦後の日本が工業国として復興していくためには、アジアにおいて日本の輸出市場と原材料供給地を確保し、日本とアジアの諸地域を経済的に統合しなければならなかった。

アメリカによる日本＝アジアの経済統合構想の対象地域は、東アジアにおける国際情勢の展開に応じて変化していった。四七年から四八年の段階では朝鮮半島、満洲、中国北部といった広い範囲がその対象とされていた。だが、中国が共産党の支配下に入り、北朝鮮が建国された四九年後半には、韓国、台湾、そしてインドシナ半島を中心とする東南アジアがその主な対象となった。第5章で見ていくように、五〇年からアメリカは、ベトナム情勢に大きく関与していくが、その背後にはこうした広範なアジア戦略があった。

NSC68

ヨーロッパやアジアの情勢が悪化するなか、一九四九年八月、ソ連が初の原爆実験に成功した。これ以降、アメリカの国防関係者や科学者たちは米ソ間の軍事力バランスについて憂慮するようになり、「スーパー爆弾」とよばれた水素爆弾の開発をめぐる議論が政府内外で行われた。熱核兵器ともよばれる水爆は、原爆の数百倍の破壊力を持つ新兵器であった。そして五〇年一月、トルーマンは水爆開発に踏み切る決断を下した。

さらにトルーマンは冷戦政策を包括的に再検討するよう命じた。この作業に関わったのが、この時までに国務長官になっていたアチソンと、ケナンの後任として国務省政策企画室長に就任したポール・ニッツェであった。四月までに彼らは、NSC68として知られる国家安全保障文書第六八号を起案する。

NSC68は、ソ連は世界制覇のための「基本計画」を持っており、その外交政策は好戦的で軍事力に依拠したものであるとして、国防費と軍備の大規模な拡充を勧告するものであった。トルーマンはこの勧告を支持していたが、国防費の増額が国家財政に与える悪影響を懸念する声が政府内にあったため、承認を躊躇《ちゅうちょ》していた。しかし、朝鮮半島での事態が状況を大きく変えることになる。

3　朝鮮戦争

アチソン演説と「不後退防衛線」

すでに一九四八年ごろから韓国では、共産主義者の率いる左派勢力が李承晩政権に対するゲリラ戦を開始していた。国共内戦で優位を固めつつあった中国共産党に刺激を受けて、金日成らも、韓国内の反政府勢力に対する支援を強化していた。四九年から金日成は、武力による「国土完成」の許可をスターリンに求めるようになった。だが、スターリンは頑《かたくな》にこれを拒み続ける。アメリカが朝鮮半島に介入し、米ソ戦争に発展することを恐れていたからだ。

こうしたなか、五〇年一月、アチソン国務長官はワシントンのナショナル・プレス・クラブでアジア政策に関する演説を行った。ここでは、アリューシャン列島から日本、沖縄を経てフィリピンへと至る諸島嶼《とうしょ》をつなぐ線が、アメリカの安全にとって死活的に重要だという考えが示された。「不後退防衛線」として知られるこの防衛領域に、韓国と台湾は含まれていない。そのため、朝鮮戦争の勃発後、この演説が北朝鮮による韓国侵攻の「青信号」となったのではないかと取り沙汰されてきた。

実のところ、この演説の目的は、朝鮮半島ではなく、台湾をめぐる政府の方針を米国内に伝えることにあった。この時期、米国内では、親台湾派のメディアや議員たちが中国の共産化についてトルーマン政権の責任を追及し、台湾への米軍派遣など、国府に対する積極的支援を強く求めていた。だが、腐敗した蔣介石政権の統治能力を疑問視していたアチソンやトルーマンは、台湾に大きな支援を与えることに消極的だった。そこでアチソンは、アメリカのアジア戦略における優先順位を示すなかで、敢えて台湾に言及しなかったのだ。また、中国のチトー化への期待から、台湾に言及しないことで、米中関係改善と中ソ離間に含みを持たせる意図もあった。

では朝鮮半島で有事が起きた場合、アメリカはどのように対処するつもりだったのか。「不後退防衛線」演説の三日後、アチソンは議会で次のように発言している。中ソから大規模な支援を受けて北朝鮮が韓国を侵略してもアメリカが単独で軍事的に抵抗することはあり得ない。「もし国連憲章に基づく措置がとられた場合、アメリカはそこに参加するが、ソ連が拒否権を発動するので、そのような措置がとられることはおそらくないだろう」。

この発言は、北朝鮮によるあからさまな武力行使が、近い将来に生じることはないとの前提でなされたものであった。だが、まさにこの時、朝ソ中の間では南進に向けた協議が進んでいたのである。

開戦をめぐる朝ソ中関係

スターリンが、訪ソした金日成に南進の許可を与えたのは、一九五〇年四月のことである。その理由についてはまだ歴史家の議論が続いているが、次のような要素が彼の念頭にはあったのだろう。ソ連の原爆保有や中国の成立、不後退防衛線の提示などにより、アメリカの介入に関する見通しが変わったこと、朝鮮半島の軍事情勢が北朝鮮優位になりつつあるとの情報を得ていたこと、それに加えて、前年のベルリン封鎖危機での屈服が示すように、ヨーロッパにおけるアメリカとの対立で後手に回りつつあったことなどである。

さらに、スターリンは中国の新指導部を試そうとしていた。五〇年初めの時点で毛沢東は、朝鮮での戦争には後ろ向きであった。長年にわたる抗日戦と内戦を終えたばかりの中国は、国家建設のための資源と時間を必要としていた。また、毛沢東は、中国がまず台湾を攻略した後で、北朝鮮が韓国を攻撃することを構想していた。事実、四九年を通じて毛沢東は、南進を希望する北朝鮮側に、今はその時期ではないと伝え、スターリンからも同意を得ていた。

にもかかわらず、スターリンは、金日成の南進を支持するかどうかで、毛沢東が本当に「国際共産主義者」であるのか試そうとしたのだ。スターリンが金日成に、開戦の最終決断に際して毛沢東に相談するよう命じたのはそのためである。

五月半ばに訪中した金日成は、スターリンがすでに許可を与えたことを示しつつ、毛沢東に支持を訴えた。スターリンの態度が変わったことに毛沢東は驚いた。しかし彼は、スターリンの許可が事実かどうかをソ連側に確認したうえで、南進を支持・支援することを約束した。毛沢東は内心、忸怩《じくじ》たる思いだっただろう。だが、国際共産主義運動の指導者スターリンの権威に抗《あらが》うことはできなかったし、自身も国際共産主義者として他国の革命を支援すべきだと考えたのだ。

アメリカの介入決断

六月二五日に韓国に侵攻した北朝鮮軍は、瞬く間にソウルを占領した。先述したとおり、アメリカ政府は単独では朝鮮での事態に介入しないとの方針を明示していた。また、介入の是非をめぐって政府内でも議論があった。それでも、トルーマンは派兵する決断を下した。

後にトルーマンは次のように回顧している。「断固とした態度だけが世界の他の地域での新しい行動を抑制する唯一の方法であろう。万一我々が（中略）国連の支持で自由が確認された一国家を保護するための行動に失敗すれば、アジアだけではなく、ヨーロッパや中東、その他の地域で、ソ連と隣接している諸国家の国民が持つ信頼感は大きく動揺すると思う」。

北朝鮮の攻撃をソ連の指示によるものと確信していたトルーマンは、ここで対抗措置をとらなければ、ソ連によるさらなる侵略行動を誘発しかねないと考えた。また、朝鮮半島で事態の対処に失敗すれば、アメリカが同盟国を防衛するという「信頼性」が失われて同盟体制を動揺させ、その結果、アメリカの安全保障を大きく損なうことも懸念された。さらに、北朝鮮の武力攻撃は、創設されてまもない国連の権威に対する明白な挑戦でもあった。

冷戦史家ジョン・L・ギャディスが指摘するように、トルーマン政権が介入の決断を下したのは、韓国それ自体が重要だったからではない。北朝鮮のあからさまな侵略行動に対抗しなければ、様々な悪影響が広がることをアメリカは恐れたのだ。

ただし、一月にアチソンが表明したように、アメリカは国連のお墨付きを必要としていた。アメリカにとって幸運なことに、ちょうどこの時、ソ連は安全保障理事会をボイコットしていた。ソ連が提案した、中国に安保理代表権を与える決議案が否決されたことへの抗議であった。ソ連不在の安保理は、アメリカ主導で北朝鮮を非難する決議を採択し、米軍がそのほとんどを構成する国連軍の派遣を決定した。

さらにトルーマンは、台湾海峡に米海軍第七艦隊を派遣した。彼は、戦争が朝鮮半島を越えて拡大することを危惧していた。艦隊派遣の目的は、中国に対して台湾防衛の意思を示すと同時に、この機に乗じて国府が大陸反攻に打って出ることを阻止することにあった。

中国の参戦

当初、北朝鮮優位だった戦況は、米軍を中心とする国連軍が介入したことで大きく変化した。一九五〇年九月に仁川《インチョン》に上陸した国連軍が快進撃を続けると、トルーマンは三八度線を越えて朝鮮半島を軍事的に統一するよう命じる。

毛沢東が、スターリンと金日成からそれぞれ、派兵を要請する書簡を受け取ったのは一〇月初めのことであった。この問題を検討する共産党内の会合で、参加者の多くは参戦に反対を表明した。中国にとっての最優先課題が経済復興であり、戦争は対外貿易に悪影響を与えかねない。しかも、アメリカ軍とは武器装備の差が非常に大きく、勝てる見込みも薄そうであった。

これに対して毛沢東は派兵を強く主張した。毛は当初孤立したが、最終的には彼の主張が受け入れられた。それは少なくとも二つの理由による。一つ目は、安全保障上の考慮である。このまま国連軍の進撃が続けば朝鮮半島北部は米軍に占領される。そうなれば、中国、とりわけ中朝国境からそれほど離れていない首都北京が直接米軍の脅威に曝される。また、北朝鮮と隣接する旧満洲地域は日本が開発した中国大陸有数の工業地帯でもあった。

もう一つは中国の威信に関わるものである。毛沢東は金日成に支援を約束していただけでなく、アメリカにも三八度線を越えれば介入すると繰り返し警告していた。アメリカがこれを無視する行動に出た以上、中国は反撃することでその警告を実行に移す必要があった。

こうして一〇月末からは、北朝鮮軍と国連軍の衝突に、中国人民志願軍が加わった。では、この戦いにソ連はどのように関わっていたのか。スターリンがソ連の地上軍を派遣することはなかった。だが、スターリンが南進を許可して以来、ソ連の軍事顧問が攻撃計画の立案に参画し、計画実施に必要な大量の戦車や武器弾薬も北朝鮮に供給された。中国が参戦するとソ連は、中国にも有償で兵器を提供した。さらにソ連空軍のパイロットが、中国や北朝鮮の空軍の塗装を施した、ソ連製のミグ戦闘機に搭乗して、米空軍の戦闘機と戦っていた。

原爆使用の検討

中国側が激しい攻勢に出た一九五〇年一一月末、トルーマンは原爆使用の可能性を示唆する発言を行う。これに動揺したアトリー英首相は急遽《きゅうきょ》訪米した。トルーマンとの会談でアトリーは、朝鮮で原爆を用いないとの保証を文書の形で得ようとする。朝鮮半島の地域紛争が米ソ全面戦争にエスカレートすることを恐れたイギリスは、首脳レベルでの対話によって危機の展開をコントロールしようとしたのだ。

トルーマンは、文書ではなく口頭での保証をアトリーに与えた。だが、これ以降もアメリカ政府内では原爆の使用が繰り返し検討され、化学兵器を用いることさえ考慮された。最終的には大量破壊兵器こそ使用されなかったが、米軍はナパーム弾（高性能の焼夷弾）を大量に投下するなどして北朝鮮に大きな被害を与えた。

その後、北緯三八度線付近で膠着《こうちゃく》状態に入った戦闘は、そこを休戦ラインとする合意が成立した五三年七月まで続いた。交戦諸国は甚大な被害を受け、死傷者数は、南北朝鮮では兵士・市民合わせて三〇〇万〜四〇〇万人、中国人民志願軍の兵士は一四二万人、米軍は約三万三〇〇〇人にのぼったという。しかもこの戦いは、東アジアを遥かに越えて、その後の冷戦の方向性に多大な影響を与えたのである。

4　朝鮮戦争の影響

米ソの軍事大国化

朝鮮戦争を契機に米ソ両国の軍事力は、それ以前にもまして拡大していった。

戦争開始直前にアチソンとニッツェが提出したNSC68の草案が、アメリカ政府内で批判されていたことは前述した。しかし、朝鮮戦争により風向きは大きく変化する。この文書が警告するソ連拡張主義が実在することが、北朝鮮の南進によって示されたからだ。このことについてアチソンは「朝鮮戦争が私たちを助けに来てくれた」と回想している。

戦争勃発後、トルーマン政権は国防費を四倍近くまで増額させた。陸海空軍の兵員数も開戦から一九五三年初めまでの約二年半で倍増し、三五〇万人にも達した。朝鮮戦争は、アメリカの封じ込め政策を軍事化させたのである。

ソ連の軍事力も拡充された。後で見るように、朝鮮戦争をきっかけにアメリカはNATOの強化に取り組んだが、ソ連もこれに対抗して東欧諸国へのソ連軍配備を進め、軍事援助も増大した。四八年に二八七万人であったソ連の兵力は、五五年には五七六万人にまで膨らみ、軍事費も大きく増えた。朝鮮戦争に関する大著で和田春樹が指摘するように、朝鮮戦争をきっかけに「公然と」軍事大国化の道を歩むようになったアメリカとは対照的に、ソ連は「ひそかに」しかしアメリカと同様の「大転換」を遂げたのである。

東アジア冷戦の対立構図

朝鮮戦争は次の二つの意味で東アジア冷戦の対立構図を確定させる契機となった。

一つ目は朝鮮半島の南北分断である。先述したように、一九五三年七月には休戦協定が締結された。それ以降、二〇二三年現在まで、平和条約が締結されないままアメリカと韓国、そして北朝鮮の間の「休戦」は続いたままである。

二つ目は、この戦いにより米中の対立が決定的なものとなったことである。前述したように、アメリカは中国の「チトー化」に期待していた。しかし、中ソ同盟締結と中国の朝鮮戦争参戦によりその可能性は消え失せた。他方、朝鮮戦争でアメリカと対等に渡り合った中国は、国際社会、とりわけアジアでの存在感を確たるものとした。これ以降、東アジア冷戦の主軸となった米中の対立は、七〇年代初めの米中和解（第8章）まで続くことになる。

なお、この戦争により中国がそれまで西側諸国との間で維持してきた通商・貿易関係も大きな影響を受け、西側諸国との国交樹立の可能性も失われていった。もし朝鮮戦争が発生せず、西側と中国の貿易が拡大を続けていたら、中国の外交および国際社会との関係に大きな影響を与えていたはずだと、先に紹介した青山瑠妙は指摘する。八〇年代に本格的に世界経済に参入した中国（第9章）が世界第二位の経済大国となっている現在から見ると、朝鮮戦争が中国に与えた影響の大きさが浮き彫りになるようである。

サンフランシスコ講和条約の締結

朝鮮戦争はさらに、アジアとヨーロッパの双方で西側の同盟体制を強化するきっかけとなった。ヨーロッパでは後述するドイツ再軍備が、アジアでは日本が焦点となった。

一九四九年秋までに米英は対日講和の推進を決定していたが、朝鮮戦争はこれをさらに後押しした。国務省顧問としてアメリカ側で対日講和を主導したのは、後にアイゼンハワー政権で国務長官を務めるジョン・フォスター・ダレスである。ダレスがめざしていたのは、旧敵日本を同盟国として西側陣営に迎え入れ、ソ連と対峙するために不可欠な米軍基地を日本本土と沖縄に確保することであった。占領が長期化すれば日本国内での反米感情が強まると判断したダレスは、早期講和を実現しようとしていた。しかし、朝鮮での戦況が悪化するなか、米軍部は日本の再軍備を強く求めるようになっていた。

日本側で講和交渉にあたったのは首相の吉田《よしだ》茂《しげる》である。当時、日本国内では、「進歩派」とよばれた知識人を中心に、ソ連や中国を含む「全面講和」を求める論調が強かった。しかし、冷戦の「現実」からそれを不可能と考える吉田は、ソ連抜きの「多数講和」の立場に立っていた。米ソ冷戦が進展するなか、日本が米軍に基地を提供することで安全を確保する一方、日本再軍備については可能な限り避けたいと吉田は考えていた。再軍備は経済復興を妨げる可能性が高く、共産主義者が力を伸ばす土壌をもたらし得るからであった。

再軍備問題は講和交渉で大きな争点となり、五一年一月末には交渉決裂さえ危ぶまれた。難局を打開すべく、日本側は、国内の治安維持と国防の両方を統括する「国家治安省」案や、同省のもとで五万人規模の「保安部隊」を創設する計画などを提示した。将来、再軍備する「意思」があると示すことで、アメリカ側を満足させようとしたのだ。

日米の安全保障関係の専門家である楠《くすのき》綾子《あやこ》が指摘するように、日本側の提案は厳密には

「再軍備」の約束ではない。だが、朝鮮戦争が続くなか、やはり早期講和を望んでいたアメリカは、これをもって「最低限の軍事的要請」が満たされたと判断したようだ。

五一年九月、日本と連合国との間の講和条約がサンフランシスコで調印された。同時に日米安全保障条約も締結されている。この二つの条約により、日米両国はめざしていたものを概ね確保した。アメリカは講和条約で沖縄の施政権と基地を確保し、安保条約によって日本本土への米軍駐留権を得た。他方、日本はアメリカの防衛関与を事実上確保し、再軍備を先延ばしすることができたのである。

こうして日本は、アメリカの軍事的庇護のもと、当面、経済発展に専念する機会を得た。吉田がめざし、その後継者も継承したこうした外交方針は、後に「吉田ドクトリン」として知られるようになるが、冷戦という状況こそがそれを可能にしたといえる。

日本とアジア・太平洋諸国の関係

対日講和の推進にあたり、アメリカは、フィリピンやオーストラリア、ニュージーランドにも防衛関与を保証した。一九五一年夏には米比相互防衛条約、ANZUS条約が締結された。アメリカは、第二次世界大戦の経験から日本の独立と再軍備に反対するこれらの国々の不安を緩和することで、対日講和を推進しようとしたのである。アメリカ外交史家の菅英輝《かんひでき》が指摘するように、アメリカの対日政策の特徴は、日本を対ソ・共産主義防衛のために自陣営に組み込みつつ、日本が再び脅威となることを防止する「二重の封じ込め」にあった。この意味で、アメリカの対日政策は、後述する対独政策と対をなすものであった。

サンフランシスコ講和は、日本と東側諸国との関係にも影響を与えた。朝鮮戦争に中国が参戦するなか、アメリカは、国府と中国のどちらも講和会議に招聘《しょうへい》しないことを決めた。これは中国にとって痛手であった。中国史家の久保亨《くぼとおる》が指摘するように、日本は、中国を侵略して大きな惨禍をもたらした一方、二〇世紀初頭には中国の発展モデルとなった国でもあった。そのため、戦後賠償を実施させたうえで、長期的に日本と建設的な関係を樹立することは中国にとっても重要な課題であった。

また、サンフランシスコ講和条約では、降伏前に日本が領有していた澎湖《ほうこ》諸島や台湾、南サハリンおよび千島列島について、日本は主権を放棄すると定められた。しかし、日本が放棄した主権が誰に引き渡されるかは明確にされなかった。四五年夏からソ連が実効支配していた国後・択捉・色丹・歯舞諸島の四島が、日本が主権を放棄した「千島列島」に入るのかどうかも曖昧なままであった。

カナダ在住の歴史家・原貴美恵《はらきみえ》は、アメリカ政府内部で作成された講和条約草案には、これらの諸地域の帰属先は「中国」「ソ連」などと明記されていたと指摘する。だが、講和条約をめぐる関係各国の交渉のなかで、帰属先に関する記載が削除されていき、千島列島のソ連帰属に関する記述も五一年六月に削除された。アメリカが条約草案を変更したのは、冷戦と深く関わる、次の三つの理由によるものであった。

一つ目は、米国内で反ソ感情が高まるなか、ソ連の利益となるような条項を含めれば、米議会による講和条約の批准が難しくなると予想されたことである。二つ目は、講和条約とともに締結された、日米安保条約に与える影響である。ソ連が千島列島を占領し続けるなか、同島の主権が日本に帰属するとなれば、日ソの紛争にアメリカが巻き込まれる恐れがあった。そのため、日本には千島列島の主権を放棄させ、同島の帰属も未定のままとしたのだ。最後に、アメリカはこの決定が日本に与える「心理的影響」を念頭に置いていた。潜在的な日本領土に対するソ連占領が長引けば、日本の対ソ感情は悪化し、逆に対米感情はよくなると考えられたのである。この決定にソ連は反発し、結局、ソ連が調印しないまま講和条約は締結される。

サンフランシスコ講和条約は五二年四月二八日に発効し、日本は独立を達成した。同じ日に日本は、ダレスが要求した日華平和条約を台湾の国府と締結している。同条約は、国府を「中国」の正統政府として認めることを含意するものであった。そのため、北京の中華人民共和国は、吉田政権によって日本軍国主義が復活したと強く批判した。

こうして日本は、ソ連、中華人民共和国とは国際法的に戦争を終結しないまま、西側諸国とのみ講和を達成した。その結果、ソ連とは領土問題を抱え続けることになった。また日中の関係正常化も七二年まで先延ばしされた（第8章）。

ここまで見てきたように、朝鮮戦争は、日本を含む、東アジアの国際関係、そして冷戦の行方を大きく決定づけた。しかし、影響を被ったのはアジアだけではなかった。ユーラシア大陸の反対側のヨーロッパもまた、朝鮮戦争のインパクトを受けていたのである。

西ドイツ再軍備

朝鮮戦争が始まると、西欧諸国は、対ソ防衛強化が急務だと考えるようになった。この戦争をソ連の侵略的な姿勢の現れと見たからである。一九四九年に設立されたNATOの防衛力も、まだ十分ではなかった。それゆえ、アメリカも西欧諸国も、一旦戦争が始まれば、陸上戦力で圧倒的優位に立つソ連が、瞬く間に西欧を席巻すると考えていた。五〇年九月、アチソン国務長官は、在欧米軍を増強すると同時に、西ドイツ軍を創設して、NATOに編入することを提案する。西欧同盟国の懸念を払拭するためであった。

西ドイツのアデナウアー首相にとって、アチソンの提案は渡りに船であった。四九年に首相の座についた彼は、「西側結合」とよばれる政策を推進していた。建国後まもない西ドイツの主権は、依然大きく制限されていた。戦勝国である米英仏ソが、再統一されたドイツと平和条約が締結されるまで、ドイツ再統一の方式やベルリンの地位などに関する決定権を留保していたからだ。西側諸国と密接な関係を打ち立て、同盟国として対等な地位を獲得することで西ドイツの主権を回復する。これがアデナウアーの狙いであった。西側の軍事的必要性を利用して、西ドイツの主権回復とドイツ再統一に対する西側諸国の支持を得ようとしたのだ。また、西側同盟の強化は、強い立場からソ連に再統一を受け入れさせるという、アデナウアーの「力の政策」にとっても都合がよかった。

ヨーロッパ統合の始まり

フランスは西ドイツ再軍備に強く反対した。すでに見たようにフランスは、一九四七年前半にはソ連との対独協調を放棄して、英米と歩調を合わせるようになっていた。だが、フランスにとってドイツ再興は懸念であり続けた。とりわけ大きかったのが、軍事力の基盤となる西ドイツの石炭・鉄鋼産業の復活である。その一方でフランスの指導者たちは、第一次世界大戦後に自国がとったドイツ弱体化政策が、ナチス台頭の一因となったことも理解していた。また、アメリカが西ドイツを重視するなかで、引き続きドイツ弱体化をめざすことも難しかった。

こうした困難にフランスは新機軸を打ち出すことで対処しようとする。五〇年五月、ロベール・シューマン外相は「シューマン・プラン」として知られる提案を行った。これは仏独両国の石炭・鉄鋼生産を、西欧諸国が参加する超国家的な高等機関である欧州石炭鉄鋼共同体（ECSC）の管理下に置くことで、両国国境地帯の石炭・鉄鋼産業をめぐる積年の対立を永久に解決しようとするものであった。ジャン・モネ計画庁長官の発案によるこのシューマン・プランにより、後のヨーロッパ連合（EU）へとつながるヨーロッパ統合のプロセスが始まった。モネが「ヨーロッパ統合の父」とよばれる所以《ゆえん》である。

シューマン・プランは西側結合や「力の政策」に役立つと考えて、アデナウアーはこれを前向きに受け入れる。アチソンもフランスの発案を強く支持した。ソ連、そして共産主義の脅威に対抗するためには西欧の経済的繁栄と政治的安定が不可欠である。だが、第二次大戦前のように独仏が敵対していれば、それは難しい。一八七〇年の普仏戦争以来の両国間の対立を解消し、独仏の結束を促すことはアメリカの冷戦政策にも沿うものだったのである。

ECSCの設立をめぐる交渉は、五〇年六月二〇日に始まった。朝鮮戦争勃発の五日前である。だが、まもなく西ドイツ再軍備問題が浮上し、フランスは再度困難に直面する。再軍備された西ドイツがNATOに加盟すれば、ECSCが成立しなくても西ドイツの主権が回復されるからであった。危機に瀕したECSCを救うべく、五〇年一〇月にフランスは新提案を行った。ヨーロッパ防衛共同体（EDC）構想である。

EDC構想は、超国家的なヨーロッパ統合軍を創設して西ドイツの兵力を参加させ、それを欧州防衛大臣の指揮下に置くというものであった。フランスは、ECSCという経済領域で始まったヨーロッパ統合というアイディアを、軍事領域にも適用しようとしたのだ。その目的は、西ドイツのECSC条約参加を、EDCのもとでの西ドイツ再軍備推進の条件とすることで、西ドイツをECSC交渉に参加させ続けることにあった。

シューマン・プランをめぐる交渉は独仏伊とベネルクスの六カ国間で行われ、五一年四月のECSC条約の締結へと結実した。また、EDC条約も五二年五月に調印された。しかし、二年後の五四年八月、EDC提案国であったフランスの議会がEDC条約の批准を拒否し、西ドイツ再軍備は暗礁に乗り上げる。次章で見るように、西ドイツ再軍備は五五年五月に実現した。しかし、その時までには米ソの指導者が交代し、冷戦状況にも大きな変化が起きていたのである。

第4章

分断の確立と同盟の揺らぎ

ハンガリー動乱で人々に壊されたスターリン像（1956年10月）

一九五〇年代半ばまでには、ヨーロッパと東アジアの両方で東西・南北の分断が進み、そこを防衛線とする同盟体制が形成された。ヨーロッパでは西ドイツの再軍備とNATO加盟、そしてソ連と東欧諸国が参加するワルシャワ条約機構の創設が実現し、東アジアでは米韓・米華相互防衛条約が締結されたのである。

ヨーロッパと東アジアで分断体制が確立していく過程は、冷戦の「安定化」が模索される過程と連動していた。その背景には、米ソ核軍拡競争の激化と核戦争への危惧の拡大がもたらした、緊張緩和を求める気運の高まりがあった。こうした国際状況は、東西双方の同盟内部で外交政策に関する温度差を生み出した。そのため、米ソやその同盟国による緊張緩和外交は、核戦争回避に向けた真剣な試みであると同時に、相手陣営内部の結束を乱すための手段ともなった。本章では、五〇年代半ばの東西関係と、東西双方の同盟内政治が複雑に交差していくさまを描く。

1　米ソの冷戦政策の変化

アイゼンハワー政権のニュールック戦略

一九五三年一月、アメリカでは共和党のドワイト・D・アイゼンハワーが大統領に就任した。朝鮮戦争が長期化し米国内でも厭戦感が広がるなか、アイゼンハワーは朝鮮戦争休戦を公約の一つに掲げて当選した。就任後まもなく、新大統領は安全保障戦略の再検討に着手する。前章で見たように、朝鮮戦争を機にNSC68が採択され国防費は肥大化していた。過剰な防衛費は経済を破壊し、その結果、アメリカの自由主義が損なわれる可能性がある。それを防ぐには防衛費を縮小し、強力な軍事力と健全な経済力のバランスを維持しなければならない。これがアイゼンハワーの考えであった。そして、五三年末までには「ニュールック」として知られる新たな政策方針が採択される。

アメリカの封じ込め政策に関する古典的著作のなかでジョン・L・ギャディスは、ニュールックの基本的な柱として、(一)核兵器に依拠した大量報復戦略、(二)同盟の強化、(三)CIA(中央情報局)などによる秘密作戦、(四)心理戦の四つをあげている。これらはいずれも国防費の削減に資するものとされた。

例えば、大量報復戦略は、多額の維持費が必要な通常兵器に代えて、破壊力の大きな核兵器の威嚇《いかく》によってソ連の攻撃を抑止しようとするものであった。すでに五二年一一月にアメリカは水爆実験に成功していた。そこで、未曽有《みぞう》の破壊力を持つが、相対的に低コストだと考えられたこの新兵器に依存する方針がとられたのだ。同盟強化は、アメリカに代わって各地域の同盟国を通常兵力による防衛の担い手とすることを意図したものであり、反米的な政府の転覆工作や重要人物の暗殺、騒擾《そうじょう》の先導といった秘密作戦は、地上軍派遣などと比して費用対効果が高いと考えられた。また、心理戦は、宣伝活動や文化・広報外交などを通じて、各国の世論や対米認識を操作・誘導しようとするものであった。人々の「こころや心情(hearts and minds)」が冷戦の新たな戦場となったのである。

ソ連の「平和共存」外交

一九五三年はソ連外交の転換点でもあった。三月初め、独裁者スターリンが七四歳で死去した。後を引き継いだ彼の側近たちは、ソ連指導部のトップの座をめざして激しい権力闘争を展開した。しかし、内政・外交の両面でスターリンの政策を転換しなければならないという点では概ね一致していた。そこで彼らは、「非スターリン化」をめざしていくのである。

第2章で指摘したように、ソ連国民は第二次世界大戦で甚大な被害を受けた。戦争終結に大きく貢献したソ連国家に人々は誇りを抱いていたが、多大な犠牲と我慢を強いた政治のあり方に変化を求める心情も強かった。だが、スターリンを中心とする指導部にその意図はなかった。西側との対立が深まるにつれて、ソ連の国内統制はさらに強化されていった。また、冷戦が進展するとともに、ソ連経済は重工業を中心に大きな伸びを示したが、人々の生活に直結する消費財や農業部門は停滞し、スターリン時代末期にはソ連指導部と大衆の間の緊張は高まっていた。そこでソ連新指導部は、スターリン体制と「決別」する姿勢を明確にすることで国民と「和解」しようとしていた。

こうした姿勢はスターリンの葬儀でゲオルギー・マレンコフ新首相が行った演説に明らかであった。内政についてマレンコフは、物質的条件の改善に向けて努力するとの方針を打ち出した。また対外政策については、戦争回避と西側との「平和共存」の重要性が強調された。ベルリン封鎖以降のスターリンの政策が西側の強硬な対応を招いたとの判断から、外交方針の転換がめざされたのだ。

新指導部は朝鮮戦争の終結に向けても努力し、五三年七月二七日には休戦協定が締結された。さらに八月八日の演説でマレンコフは、ソ連が水爆開発に成功した可能性を示唆しつつ（八月一二日にソ連は最初の水爆実験に成功した）、米ソ二つのシステム間の「平和共存」は可能であり、米ソ両国のみならず国際的な安全保障、そして米ソ間の貿易拡大は、両国間の「正常な関係によって担保される」と主張した。マレンコフはさらに、朝鮮休戦協定の重要性を強調し、ドイツ問題とオーストリア問題（後述）を解決する必要性を訴え、日本に対しても関係正常化を呼びかけた。

スターリン後のソ連による「平和共存」外交、そして後で見るが、これに呼応する西側の動きがあったにもかかわらず、ヨーロッパと東アジアの分断はさらに進んでいく。ここに五〇年代前半の冷戦の特徴の一つがあり、それは東西双方の同盟体制の形成と密接な関係にあった。では、この点を二つの地域それぞれについて見ていこう。

2　分断体制の確立

西ドイツのNATO加盟

朝鮮戦争をきっかけに西側が西ドイツ再軍備を進め、EDC創設を進めていったことは前章で見た。西側の動きに懸念を抱いたスターリンは、ドイツ再軍備にストップをかけるべく外交攻勢に出る。一九五二年三月、ソ連はいわゆる「スターリン・ノート」を米英仏に手交した。このなかでスターリンは、ドイツを再統一して平和条約を締結すること、統一ドイツは東西どちらの同盟にも参加しない「中立」国となることを提案した。再統一を提案することで米英仏と西ドイツの分裂を促し、EDCの成立を阻止しようとしたのである。

だが米英仏も、西ドイツも、スターリンの提案に乗るつもりはなかった。スターリン・ノートを拒絶する一方、西側諸国はEDC条約締結への動きを粛々と進め、同条約は五二年五月に締結される。

だがEDCはフランス議会によって葬り去られた。五四年八月末、同議会はEDC条約の批准を拒否したのだ。ここで事態打開に動いたのがイギリスである。五四年九月、米・英・仏・独・伊・加・ベネルクス三国が参加してロンドン九カ国会議が開催された。ここでアンソニー・イーデン英外相は、新しく設置された西欧連合（WEU）に西ドイツを参加させて同国の兵力レベルを制限すること、さらにフランスをはじめとする西欧諸国の対独安全保障を確保するために、英軍がヨーロッパに駐留することを提案した。

このイギリス案に諸国が同意し、西ドイツ再軍備をめぐる対立が解消されると、米英仏三国は、西ドイツをドイツ全体における唯一つの正統政府と認め、西ドイツ主導での再統一を支持すると声明した。そして、東ドイツの国家承認を拒否する西ドイツの立場を支持すること、ドイツ東部国境（ドイツ東部とポーランドのオーデル・ナイセ線）は統一ドイツが参加する講和会議で最終画定されること、西ベルリンの安全保障に米英仏が関与することを打ち出した。これに対して西ドイツは、西欧諸国の懸念を払拭するため、核・生物・化学兵器をその領内で生産しないことを約束した。これは、それぞれの兵器の英語表記の頭文字をとって「ABC誓約」とよばれている。

翌一〇月にはパリ九カ国会議が開催され、西ドイツの再軍備とNATO加盟を認める一連のパリ諸協定が締結された。そして五五年五月五日、西ドイツはNATOに加盟し、ベルリンやドイツ再統一に関する戦勝国の権利を除き、主権の大半を回復したのである。

西欧の安全保障・経済体制の成立

ところでパリ諸協定では、西側の対ソ防衛力強化のために西ドイツが再軍備したうえでNATOに加盟すること、西欧諸国に対して西ドイツからの安全を保障するために米英がヨーロッパに兵力を展開することが規定されていた。NATOを中核とする西側の安全保障体制が対ソ・対独「二重の封じ込め」と形容される所以である。

これは現在のヨーロッパ連合（EU）へとつながる、ヨーロッパ統合の進展に大きな意味を持った。安全保障問題をアメリカの軍事力に依存するNATOに委ねたことで、西欧諸国間では安全保障が深刻な問題とならなくなったからだ。ヨーロッパ統合研究者の遠藤乾《けん》が指摘するように、NATOはその内部で「西欧諸国が、安心して経済統合を進める」ことを可能にしたのだ。

これ以降、ヨーロッパ統合は経済分野を中心に発展していった。一九五五年六月にECSC六カ国はイタリアのメッシーナで会議を開き、原子力エネルギー分野での統合を進め、欧州共同市場の設置をめざすことに合意した。さらに五七年三月に締結されたローマ条約に基づいて、五八年一月に欧州経済共同体（EEC）と欧州原子力共同体（ユーラトム）が設立される。この後、ヨーロッパ統合はECSC、EEC、ユーラトムの三つの超国家機構を軸に進展していく。こうして、五〇年代半ばまでにはNATOとヨーロッパ統合を両輪とする鉄のカーテンの西側の国際体制ができあがり、その内側で西欧経済は飛躍的な復興と発展を遂げていくのである。

東欧の安全保障・経済体制の成立

西欧内部の安全保障体制が形成されつつあった一九四〇年代後半から五〇年代前半にかけて、鉄のカーテンの反対側でも同じような動きが生じていた。

前章で描いたように、マーシャル・プランの発表によって米英との大国間協調に見切りをつけたスターリンは、東欧支配を強化していった。四六年から四七年にかけて東欧諸国の共産党はすでに権力の独占を進めていたが、これがさらに加速された。四八年のチェコスロヴァキアでのクーデタはこれを体現するものであった。また、共産党の権力独占を支えるための秘密警察網も整備されていった。

経済面でも、ソ連型の中央集権的な計画経済モデルの適用が始まり、四九年以降、東欧諸国は五カ年計画を進めていった。また、やはりソ連にならった農業集団化も進められた。東欧諸国には「スターリン主義体制」とよばれる、ソ連をモデルとする政治・経済体制が押しつけられていったのである。

こうしたソ連の方針は東欧の対外経済関係にも大きな影響を与えた。第二次世界大戦前、東欧諸国の主要な貿易相手は西欧、特にドイツであった。しかし戦後、ソ連は東欧諸国の取引相手を「西」から「東」へと転換させ、ソ連を主な貿易相手とするよう仕向けていく。その結果、東ドイツやチェコスロヴァキア、ハンガリーが工業製品を、ポーランドとルーマニアは食料と第一次工業製品をソ連に輸出し、ソ連は各国に石炭や鉄鉱石などの原料や石油を輸出するという役割分担が形成され、ソ連・東欧の経済関係は相互依存的なものとなった。

ソ連経済に関する古典的著作のなかでマーシャル・ゴールドマンは、第二次世界大戦前に、ソ連の貿易総額の二〇～三〇%であった東欧との輸出入は、五〇年には六〇%近くを占めるようになったと指摘する。かつて一つの経済圏に属していた東欧と西欧は切り離され、アメリカと西欧、ソ連と東欧がそれぞれ一つの経済圏へと再構成されたのだ。

さらに軍事的な統合も進められた。西ドイツがNATOに加盟した九日後の五五年五月一四日、ソ連は東ドイツを含む東欧七ヵ国と「友好・協力及び相互援助条約」を締結した。このワルシャワ条約では、西ドイツのNATO参加によって発生した「新戦争の危険」の高まりに対処することが設立理由とされていた。西側が仮想敵だというのである。

もっとも、旧東側諸国文書に依拠した近年の研究によれば、ワルシャワ条約機構は、NATOに軍事的に対抗するためではなく、より政治的な目的のために設立されたという。ソ連は五五年以降、大規模な兵力削減に踏み切っていた。また、ソ連・東欧諸国間ではすでに二国間軍事協定が締結されており、改めて多国間条約を結ぶ必要性も低かった。むしろソ連は、当時ソ連がめざしていたヨーロッパ集団安全保障体制の実現に向けて、ワルシャワ条約機構を西側との交渉におけるカードにするつもりで設置したという。事実、第7章で見るように、同機構が軍事同盟としての実質を伴うようになるのは六〇年代末のことであった。

ヨーロッパ分断の完成

一九五〇年代半ばまでにはヨーロッパ分断体制が完成した。米ソを盟主とし、互いに相手を政治的・軍事的な脅威と見なす二つの軍事同盟が相対峙する状況が生まれたのだ。分断は政治・軍事にとどまらず、経済領域にも及んでいた。

だが、第8章で俯瞰するように、経済的な分断状況はまもなく浸食され始め、七〇年代までに東欧経済は西側に大きく依存するようになる。それでも、五〇年代半ばに成立した政治・軍事領域での分断は、その後、冷戦終焉期まで維持されていく。政治・軍事面に関する限り、分断体制は五〇年代半ば以降「安定化」したといってよいだろう。そして、同じ五〇年代半ばまでにはアジアでも分断体制が確立するのである。

朝鮮休戦協定の締結

一九五三年になると緊張緩和と冷戦「安定化」の波が朝鮮半島にも訪れた。五一年六月までに戦況は三八度線付近で膠着状況に陥った。同年七月には休戦交渉も始まったが、進展を見ないまま戦闘は続いた。

休戦交渉が停滞した最大の理由は、捕虜の扱いをめぐって米中が合意できなかったことにあった。また、スターリンが継戦を強く支持し、中国への支援を続けたことも重要であった。米中が朝鮮半島で戦い続け、両国の力が弱まればソ連にとってプラスとなると彼は考えていた。当初からの戦争当事者で、すでに大きな損害を被っていた北朝鮮は休戦を望んでいた。それでも戦いは続いたのである。

転機はスターリンの死によって訪れる。ソ連新指導部はスターリンの死からわずか二週間で休戦の決断を下した。ソ連の政策転換を受けて中国もすぐに休戦を決め、アメリカもこれに続いた。その結果、五三年七月には三八度線を休戦ラインとする協定が締結された。

ただ一人休戦に反対したのが、北進統一にこだわる韓国の李承晩であった。抵抗する韓国の同意を引き出すためにアメリカは、五三年一〇月、彼の求めに応じて米韓相互防衛条約を締結した。これによって米軍を韓国に駐留させて、韓国防衛への関与を明確にしたのである。

ただしこの条約では、アメリカの韓国防衛義務は「外部の侵略」があった時のみ生じるとされている。北朝鮮に対する韓国の軍事行動を抑制し、望まない戦争にアメリカが巻き込まれることを防ぐためにこの条項は挿入されたのだ。

こうして五三年秋までに、アメリカの関与によって北朝鮮や中ソによる侵略を抑止すると同時に、韓国の北進統一を制限することで、休戦が維持される状況ができあがった。休戦協定と米韓同盟は一つの組み合わせとして朝鮮半島の分断状況を三八度線で固定化し、東アジア冷戦を安定化させる仕組みとなっていた。そしてこれ以降、二〇二三年現在まで、平和条約が締結されないままアメリカと韓国、北朝鮮、中国の間の休戦は続いている。

第一次台湾海峡危機

境界線が引かれ、そこがアメリカによる防衛関与の対象となった場所が東アジアにもう一カ所あった。台湾海峡である。

「台湾解放」をスローガンに掲げる中国は、朝鮮戦争よりも前から、国府の支配下にある中国大陸の沿岸諸島に対して軍事作戦を敢行していた。国府は一九五三年に入るとアメリカに相互防衛条約の締結を求めるようになる。他方、第5章で詳しく見るが、このころ東南アジアでは、フランスとベトナムが第一次インドシナ戦争を戦っていた。五四年七月には休戦協定が締結され、ベトナムは北緯一七度線で南北に分断される。興味深いのは、中国がこのインドシナ休戦を契機に、軍事行動をさらに活発化させたことだ。五四年九月に中国は、沿岸諸島のなかで戦略的に最も重要な金門島《きんもんとう》に対して大規模な砲撃を開始した。第一次台湾海峡危機の勃発である。

中国が危機を引き起こした動機については様々な説があるが、この時期の中国外交を詳細に検討した福田円《ふくだまどか》は、毛沢東は、米華条約の締結によって台湾海峡の分断が固定化することを恐れていたと論じている。五三年から五四年にかけて朝鮮半島やインドシナ半島で休戦ラインが画定され、アイゼンハワー政権は米韓条約の締結や東南アジア条約機構（SEATO）を設立するなど、アジア反共同盟網の構築を進めていた。こうしたなか、毛沢東は、「台湾解放」問題はいまだ未解決だと国際社会にアピールしようとしたのだ。

毛沢東の目論見は裏目に出た。中国の行動はアメリカと国府の交渉を促進し、一二月には米華相互防衛条約が締結される。この条約でアメリカが正式に国府防衛に関与したことで、中国の「台湾解放」はより難しくなった。

ただし、米華条約には国府を統制する機能もあった。交渉にあたったダレスは、危機の発火点である大陸沿岸諸島を条約の適用範囲とするかどうかを曖昧なままにした。さらに「大陸反攻」のための軍事力行使について、アメリカと事前協議することを定めた「交換公文」の作成にも成功する。米韓条約と同じく、米華条約は、アメリカの関与により国府に対する中国の攻撃を抑止すると同時に、国府の行動をコントロールするためのものであった。

東アジアの分断体制

一九五五年までに朝鮮半島と台湾海峡では、東西陣営間の境界線が引かれ、それを挟んで存在する分断国家の安全に米ソ中が関与する体制が成立した。アメリカが韓国・台湾と締結した防衛条約は、同盟国に対する攻撃と、同盟国自身による危険な行動の両方を抑止する、「二重の抑止」機能を持つものであった。五〇年代半ばの東アジアでは、戦争や危機を収束させ、その再発やエスカレーションを防止するという意味で、冷戦「安定化」の試みが行われたといえるだろう。

なお、米韓・米華条約に基づく「二重の抑止」と、NATOや日米安保条約に基づく「二重の封じ込め」（第３・４章）は似ているが、質的に異なっていたといえる。「二重の封じ込め」は、日独が軍事・政治・経済的なパワーを増大しても周辺諸国にとって脅威とならないための措置であった。これに対して、「二重の抑止」は韓国・国府の危険な行動を抑制するという、より直接的な目的を持つものだったからだ。

こうして五〇年代半ばまでにはヨーロッパと東アジアの両方で分断線が確定し、それを保持・安定化させる同盟体制も成立した。こうしたなか、東西双方から交渉を求める動きが現れ、それは東西双方の同盟内政治と連動して展開していく。次の二節では、このことをヨーロッパと東アジアについてそれぞれ見ていこう。

3 ヨーロッパの緊張緩和と同盟政治

チャーチルの提案

スターリンが死去し、ソ連が平和共存外交へと転換すると、西側諸国では東西緊張の緩和を求める世論が強まった。こうした状況の変化にいち早く対応しようとしたのがチャーチルである。

ポツダム会談のさなかに下野したチャーチルは、一九五一年の選挙で勝利し首相に返り咲いていた。五三年五月の議会演説でチャーチルは、米英ソ首脳会談を開催してドイツ統一問題を議論することを提案し、第一次大戦後に米英仏伊の間で締結されたロカルノ条約（二五年）をモデルとする、新しいヨーロッパ安全保障体制を形成することを説いた。仏独双方に英伊が安全を保障したロカルノ体制のように、イギリスが独ソ双方に安全を保障するというのである。

この提案でチャーチルが念頭に置いていたのは再統一された中立のドイツであり、その狙いはドイツ分断を解消して東西冷戦を終わらせることにあった。それはまた、首脳会談を主導することで、戦後、米ソとの国力差が明白になっていた「世界大国」イギリスの地位を回復し、平和に貢献した指導者として自身の名を歴史に刻むためのものでもあった。

だがチャーチルは孤立していた。イーデン外相や外務省は、フランスのEDC条約批准に悪影響を与えかねないとして東西首脳会談には反対した。アデナウアーも東西首脳会談の結果、建国されたばかりの西ドイツが脅かされることを警戒しており、アイゼンハワーもソ連から何らかの譲歩がない限り緊張緩和は困難だと判断していた。

しかし、五四年秋までに西ドイツ再軍備問題が解決を見ると、再度、東西対話の気運が高まり始める。そして最終的には、五五年七月、戦後初の東西四ヵ国首脳会談が開催される。だが、そこに至るまでには西側内部で複雑な外交的駆け引きがあった。

首脳会談をめぐる温度差

戦後初の東西首脳会談への道筋を引いたのはフランスとイギリスであった。

一九五四年六月に首相に就任したピエール・マンデス゠フランスは、戦後、米英ソの間で埋没しがちなフランスが、再びヨーロッパの主要大国となることを望んでいた。五四年一二月にフランスが、米英ソに続いて核兵器開発に踏み切ったことも偶然ではなかった。さらにマンデス＝フランスは積極的な対ソ外交の必要性を主張するようにもなる。マンデス＝フランスは五五年二月に退陣したが、その方針は後任のエドガール・フォールに引き継がれた。フォールも、フランスが米英ソと同じ立場で首脳会談に参加し、大国の役割を演じることを望んでいた。

五五年四月にイギリス首相となったイーデンも首脳会談の開催には積極的であった。外相時代にチャーチルの提案に反対した彼は、西ドイツ再軍備とNATO加盟が実現したことで態度を変えた。いまや西側は軍事的に強い立場からの交渉が可能になったと判断したのだ。

イーデンはまた、西側同盟の将来についても懸念していた。フランスや西ドイツはいつか独自の対ソ外交を展開するかもしれず、アメリカも孤立主義に回帰してヨーロッパから撤兵したり、緊張緩和を求めてヨーロッパの頭越しに対ソ合意を追求するかもしれない。だとすれば、西側の立場が強化され、かつ、西側の政治的結束がかつてなく強まった今こそ、意味のある対ソ外交を行わねばならない。イーデンはこのように考えたのだ。

こうして首脳会談に傾斜していく英仏両国をアメリカは苦々しく見ていた。ダレス国務長官は後に、自身は首脳会談に参加したいとは「まったく」思っていなかったと回顧している。この会議に至る過程を詳細に分析した水本義彦《みずもとよしひこ》によれば、ダレスの考えはイーデンとは正反対であった。西ドイツのNATO加盟で西側の立場は強化されたので、ソ連との交渉は必要なくなったというのだ。ダレスはまた、首脳会談が開催されれば西側各国が独自の対ソ接近を加速させ、西側の結束と同盟国に対するアメリカのコントロールが低下するとも考えていた。

それでもダレスは首脳会談参加を決断した。英仏の独自路線を「放置するとかえって西側同盟の結束が乱れる」と判断したからだ。アメリカは、英仏の行動とそれに触発された国際世論の動向に抗いきれずに首脳会談参加を決めたのである。

オーストリア中立化

もう一つ、首脳会談の開催を促した要因があった。ソ連によるオーストリア政策の変化である。一九世紀にオーストリア＝ハンガリー二重帝国の中核であったオーストリアは、第一次世界大戦後、ハンガリーとは別々の独立国になった。一九三八年にヒトラーによってドイツに併合されたオーストリアは、第二次世界大戦後に再び独立国となり、米英仏ソ四カ国の占領下に置かれた。

その後、オーストリア平和条約の締結と同国の独立はなかなか実現しなかった。米英仏ソのいずれもが、占領、すなわち軍隊の駐留継続を望んでいたからだ。西側三カ国は、チェコ・クーデタと同様の事態が、オーストリアで発生することを防止するために駐兵を望んでいた。他方ソ連は、オーストリア占領の継続を口実に、ソ連からオーストリアへの道筋にあるハンガリーとルーマニアでの駐兵を継続しようとしていた。両国に兵力を維持することで、独自路線をとるチトーのユーゴスラヴィアを牽制しようとしたのだ。

スターリンの死後にソ連が平和攻勢を開始すると、アメリカは、平和への意思が本気であることを具体的な行動で示すようソ連に求めた。「平和の機会」と題する五三年四月の演説でアイゼンハワーは、ソ連とオーストリアの条約締結をその例としてあげた。だが、ソ連の態度に変化はなかった。五四年春の時点でもソ連は、ドイツとの平和条約締結が、オーストリアとの平和条約締結の条件となるとの立場を示している。前者の実現可能性を考えれば、オーストリアと条約を締結する意思はないと述べたのも同然であった。

しかし、五五年春にソ連は、オーストリアとドイツの問題を切り離す方針へと転換する。西ドイツのNATO加盟を阻止できなかったソ連は、オーストリアの西側占領地区まで西側に組み込まれることを恐れていた。そこで、中立化したオーストリアであれば独立を認めることにしたのである。この転換をオーストリア政府と西側三カ国が受け入れたことで、五五年五月、米英仏ソとオーストリアの間で国家条約が締結された。オーストリア問題での譲歩により、ソ連はアイゼンハワーが求めた「行動」を示した。それゆえアメリカは首脳会談に応じざるを得なくなったのだ。

こうして首脳会談開催が決まったことに、アデナウアーは危惧を強めた。アデナウアー自身は、現時点では再統一は望ましいとは考えていなかった。しかし、再軍備と主権回復が実現した西ドイツ国内では、再統一のための外交行動を求める声が高まっていた。国内政治への配慮から、アデナウアーはドイツ問題に関する東西交渉が必要だと判断していた。

アデナウアーが恐れたのは、首脳会談の結果、ドイツ再統一の可能性が閉ざされることであった。とりわけ、ソ連が繰り返し提案していたヨーロッパ安全保障に関する東西合意の悪影響が懸念された。もし東西ドイツの境界線が、例えば、東西不可侵協定によって保障されれば、中欧の現状——すなわちドイツ分断——がそのまま国際的な安全保障措置の一部として固定化されかねないからだ。

そこでアデナウアーは、首脳会談での西側の交渉上の余地を制限すべく、米英仏に働きかけていく。そして、七月までに米英仏独の間では、統一ドイツのNATO加盟をソ連が容認しない限り、西側はどのようなヨーロッパ安全保障措置にも合意しないという共通方針が確立した。西ドイツは自国の立場を、西側全体の方針とすることに成功したのだ。

ジュネーブ首脳会談

戦後初の東西首脳会談は、一九五五年七月、スイスのジュネーブで開催された。西側からはアイゼンハワー、イーデン、フォールが、ソ連からは、首相のニコライ・ブルガーニンとともに、このころまでにマレンコフを失脚に追い込み、ソ連指導部でトップに立っていたニキタ・フルシチョフが参加した。

この首脳会談で西側三カ国は、イギリス主導で作成されたドイツ再統一案「イーデン・プラン」を提示した。再統一されたドイツをNATOに加盟させたうえで、中欧に非武装地帯を設置するというこの提案は、先述した西側の共通方針に則ったものであった。

だがソ連はこれを拒絶する。このころまでにフルシチョフは「二つのドイツ」政策を追求する方針に転じていた。ソ連は、ドイツ分断を固定化することで、ソ連の安全にとって最も重要な、東ドイツを安定化させようとしていた。そしてアデナウアーが恐れていたように、ソ連はヨーロッパ安全保障措置をその手段として用いようとする。ジュネーブでフルシチョフは、ヨーロッパ安全保障はドイツ再統一に先駆けて実現されるべきであり、その第一段階としてNATOとワルシャワ条約機構間の不可侵協定を締結すべきだと主張した。当然、西側はこれを拒絶した。

こうした東西間の立場の相違ゆえ、第二次大戦後初の東西首脳会談が重要な成果をもたらすことはなかった。しかし、少なくとも東西双方の首脳は、相手が武力を用いてヨーロッパの現状を変更する意思がないことを確認したのである。

西ドイツとソ連の国交回復

ジュネーブ会談後もソ連は「二つのドイツ」政策を追求し、ヨーロッパ安全保障はその重要な手段であり続けた。事実、一九五六年から五八年にかけて、ソ連は繰り返し東西不可侵協定の締結を提案している。

フルシチョフはまた、西ドイツに直接働きかけた。ジュネーブ会談直前の五五年六月、フルシチョフは、アデナウアーに訪ソを要請し、独ソの国交回復や貿易協定締結について議論することを提案した。この提案が西ドイツ世論に強い反響を巻き起こしたこともあり、アデナウアーは、九月のモスクワ訪問を決断する。しかしアデナウアーは、ドイツ再統一問題についてソ連が譲歩しない限り、国交回復にも貿易協定にも応じないという腹を決めていた。当然、フルシチョフとの会談はすぐに行き詰まった。

だが、交渉の最終段階でソ連側は予想外の提案を行う。西ドイツが国交回復に応じれば、第二次世界大戦でソ連の捕虜となっていたドイツ国籍保有者を全員解放するというのだ。西ドイツ国内の政治状況を考えればアデナウアーにこの提案を拒絶する余地はなく、九月一四日、西ドイツとソ連は国交回復に合意した。両国はドイツ再統一や平和条約といった重要問題を棚上げにして国交を回復したのである（なおこうした方法は「アデナウアー方式」とよばれ、後述する日本とソ連の国交回復交渉でも用いられることになる）。

その一週間後、ソ連は東ドイツとも新条約を締結した。このようにしてソ連は、五六年秋までに東西両ドイツを主権国家として承認した。そして、これ以降、ソ連は西側諸国にも東ドイツの国家承認を求めるようになる。これに対して米英仏は、西ドイツだけがドイツ全体を代表する唯一の正統政府であり、その国境は再統一されたドイツとの平和条約によって画定されるという西側の立場を再確認する声明を出す。また、五五年一二月には西ドイツも、ソ連を除き、東ドイツと国交を結ぶ国とは断交するとの方針を打ち出した。これは当時の西ドイツ外務次官の名前から「ハルシュタイン・ドクトリン」とよばれた。

ヨーロッパにおける緊張緩和の意味

戦後初の東西首脳会談が終わった後、世界では「ジュネーブ精神」という言葉とともに平和への希望が語られるようになった。それは核戦争への懸念が強まった一九五〇年代半ば、多くの人々が平和を希求していたことの表れであった。しかし、ドイツ問題は、ジュネーブ会談後もヨーロッパ冷戦の中核的な争点であり続けた。「一つのドイツ」を求める西側と、「二つのドイツ」を追求するソ連の立場が相容れなかったからだ。そして第6章で見るように、ドイツ問題は五〇年代末に、重大な核危機を引き起こすことになる。

また、ソ連の平和共存外交は、緊張緩和と平和に対する各国の国内世論の期待感を高め、転じて、西側諸国の間に対ソ政策に関する温度差を生み出した。そしてソ連側は、西側内部の足並みの乱れを利用しようとしていった。東西緊張緩和と西側の同盟内政治はこのような形で絡み合っていたが、これと同様の構図は東アジアでも見られた。次節ではこの点を、日本に対する中ソのアプローチと、それをめぐる日米関係を中心に見てみよう。

4　東アジアの緊張緩和と同盟政治

アメリカの対日不安

日本に対する中ソの「平和攻勢」はスターリンの死の前から始まっていた。朝鮮戦争を機に日本では警察予備隊が設置され、それが一九五二年には保安隊に改組されるなど再軍備が始まった。また、朝鮮戦争は日本に特需をもたらし、日本経済を大きく引き上げていた。しかし、五二年に入ると特需の減少が景気後退をもたらすことへの不安が高まり、財界などからは中国との経済関係や国交回復を求める動きが出るようになる。

モスクワで世界経済会議が開催されたのは、こうしたなか、五二年四月のことであった。ここで中国は、日本に対して「再軍備を停止し、平和産業を発展させ、アメリカの強めている禁輸を打破して、中国貿易を拡大するのが日本人民のためである」と呼びかけた。さらにソ連も、先述した五三年八月のマレンコフ演説で日本に関係正常化を求めたのである。

中ソのアプローチが日本に与える影響について、アイゼンハワー政権は神経をとがらせていた。戦前から中国とは深い経済的なつながりを持ち、経済面での不安を抱える日本に、中国との経済関係回復は強くアピールすると考えられた。五四年六月の演説でアイゼンハワーは次のように述べている。「西太平洋防衛の鍵は日本にある（中略）もしクレムリンが日本を支配すれば、あの巨大な戦争遂行能力が自由世界に向けられることになる」。そのうえでアイゼンハワーは、対日経済援助や日本製品に対するアメリカ市場の開放、日本と貿易関係を持つ東南アジアの防衛の重要性を主張した。これらの措置によって日本の経済的自立を図らなければ、日本は「共産主義諸国の側に向かう」と予想されたからだ。

五四年三月の第五福竜丸《ふくりゅうまる》事件もアメリカの危惧を強めていた。アメリカが南太平洋のビキニ環礁で実施した水爆実験により、日本のマグロ漁船「第五福竜丸」の乗組員が被ばく、その一人が九月に死亡したのだ。この事件はヒロシマ・ナガサキに続く「三度目の被ばく」として日本社会に大きな反響を巻き起こした。在日アメリカ大使館は、この事件が大きく報道されたことが、「共産主義者、平和主義者、中立主義者の扇動やプロパガンダ組織」に「日米離間」の好機を与えたと国務省に警告した。日本における反米ナショナリズムの高まりが懸念されたのだ。

また、吉田政権をめぐる政治スキャンダルもアメリカの不安材料であった。講和の時期から吉田は、一貫して親米・反ソ路線を堅持してきた。だが、五四年春ごろから造船疑獄として知られる政治スキャンダルに見舞われ、国内政治上の立場を弱めていた。こうしたなか、国内では吉田外交を「対米追従」と批判し、「対米自主」外交を求める声が高まっていた。

アイゼンハワー政権は、中ソの対日平和攻勢に対抗し、日本をアメリカに引きつけておく必要性を強く認識していた。そのためには日本を国際社会に復帰させ、経済的に自立させなければならない。そこでアメリカは、五三年四月に内国民待遇と最恵国待遇を与える日米友好通商航海条約を締結し、また、東南アジア諸国と日本の賠償交渉でも、フィリピンと日本の間を取り持った。さらに、中国市場や、まだ未成熟な東南アジア市場に代わる経済機会を与えるため、日本の「関税および貿易に関する一般協定（GATT）」加入も後押しした。

自衛隊の誕生

同じころアメリカは、同盟強化を柱の一つとするニュールック政策の一環として、日本にもその経済力に見合った防衛負担分担を求めるようになっていた。一九五三年七月にアメリカは「日米相互安全保障協定」締結を提案する。この提案は、同盟国が自国と自由世界のための防衛努力を行うことと引き換えに、アメリカが経済援助を与えることなどを定めた五一年の相互安全保障法（MSA）に基づくものであった。

五三年七月に始まった日米MSA交渉では日本の防衛力増強とアメリカの対日援助の関係が問題となった。アメリカ側は、日本に対して三二万五〇〇〇人に兵力を増強するよう求めたが、日本側は一八万人という数字で対抗した。アメリカは最小限の対外援助で日本の防衛力増強を達成しようとし、日本は最小限の防衛努力で最大限の経済援助を引き出そうとしていた。交渉は困難を極めた。しかし、アメリカが対米関係を重視する吉田政権を支えるために日本側の立場を受け入れ、五四年三月には「MSA協定」が締結される。

その一方、五四年に日本政府は「自衛隊法」と「防衛庁設置法」（「防衛二法」）を国会に提出した。すでに存在していた保安隊と保安庁の改組をめざす法案により、国防に関する日本の自助努力をアメリカに示そうとしたのだ。五四年七月に防衛二法は施行され、陸海空三部門からなる自衛隊と防衛庁が発足する。

発足当初の兵力が約一六万人であった自衛隊は、アメリカ側の希望を到底満たすものではなかった。だが、五五年に入ると防衛力増強を求めるアメリカの圧力は弱まっていく。五五年四月の国家安全保障会議文書では「日本の政治的安定の妨げとなるような兵力増強圧力は避ける」との方針が示されていた。

こうした変化はなぜ起きたのか。まず指摘すべきは、東アジア情勢の変化である。朝鮮戦争とインドシナ戦争の休戦協定が締結されて緊張緩和の気運が高まったことで、アメリカが日本に再軍備を強く求める前提条件が失われたのだ。また第五福竜丸事件や吉田政権のスキャンダルなどで国内政治が動揺するなか、防衛力増強よりも経済成長を通じた国内的安定の方がより重要との認識がアメリカ政府内で強まったことも重要であった。

興味深いのは、サンフランシスコ講和の際と五五年とでは、冷戦が対照的な形でアメリカの対日政策に影響していたことだ。前者においては、東西緊張の高まりが吉田の「軽武装・経済中心路線」を可能とした。だが、五五年には国際緊張の緩和が、アメリカの防衛力増強を求める圧力を低下させ、軽武装・経済中心路線の継続を可能にした。冷戦の正反対のベクトルが、いずれも日本の希望を満たす方向で作用したといえるだろう。そして、この緊張緩和状況のもと、ソ連は日本に対して新たな動きを起こしたのである。

鳩山政権の対米「自主」外交

前章で見たように、ソ連はサンフランシスコ講和条約を調印していない。つまり、一九五〇年代半ばの日本とソ連は、法的にはいまだ戦争状態にあった。かつての敵国は、いまや日米安保条約を締結し、アメリカの求めに応じて漸進的ながら防衛力増強に乗り出していた。

その日本をソ連が軍事的脅威と感じていたことは想像に難くない。

その一方、五四年の日本の国内情勢はソ連に対日接近の機会を提供するものでもあった。親米的でソ連との関係改善を拒絶してきた吉田政権が窮地にあり、第五福竜丸事件で反米感情も広まっていた。さらに七月には、フランス・ベトナム間で戦われていたインドシナ戦争が終結し（第5章）、日本国内では緊張緩和への期待感と、対米「自主外交」を求める気運が高まった。

中ソが日本に国交回復を呼びかけたのは、こうしたなか、五四年一〇月のことである。フルシチョフが、中華人民共和国樹立五周年記念式典に参加するため、ソ連の首脳として初めて訪中した際に共同宣言を打ち出し、そのなかで「両国政府は、それぞれステップを踏んで日本との関係を正常化させたいと願っている」と述べたのである。その直前に、西ドイツがNATO諸国とパリ協定を締結し、ソ連としては西ドイツの再軍備を結局阻止できなかったことも、この中ソの対日攻勢の背景にはあっただろう。

吉田政権が中ソの呼びかけに応じることはなかった。しかし、五四年一二月に民主党の鳩《はと》山一郎《やまいちろう》が首相に就任すると日ソ関係は大きく動き始める。鳩山は吉田の親米路線と決別し、「自主外交」を展開して中ソと新しい関係を築くことを提唱していた。その背後には前政権との違いを強調するという国内政治上の意図もあったが、それだけではなかった。米ソ戦争が始まれば、ソ連が日本を攻撃することはまちがいない。それゆえ鳩山は、米ソ「熱戦」に巻き込まれないためには、ソ連との国交回復が必要だと判断していた。また、日ソ国交回復によって東西緊張緩和に貢献し、日本の国際的地位を向上させることもその目的であった。

ただし、鳩山は、西側陣営からの離反や、東西どちらにも与しない「中立主義」をめざしていたわけではない。事実、対ソ交渉に向けて政府内で準備された「訓令一六号」として知られる文書では、日本が自由陣営に属するとの前提に立ったうえで、日米安保条約の改廃は受け入れ不可能だと明記されていた。親米の吉田が対ソ関係改善を拒絶したのに対し、鳩山は親米を前提にしつつ、中ソとの関係改善をめざしたといえるだろう。

日ソ国交回復交渉

日ソ国交回復交渉は、一九五五年六月にロンドンで始まった。だが、サンフランシスコ講和条約で帰属が曖昧なままにされた択捉・国後・色丹・歯舞の四島をめぐる領土問題（第3章）が重要な争点となって、交渉は行き詰まる。ソ連が対米軍事戦略の観点からは重要性の低い色丹・歯舞の二島返還を提案したのに対して、日本側で交渉を主導した重光葵《しげみつまもる》外相は四島返還を主張した。日ソ交渉に関する詳細な研究において田中孝彦《たなかたかひこ》は、四島返還は交渉戦術であり、最終的に重光は、四島返還から後退して歯舞・色丹の二島を取り返し、平和条約

鳩山首相（中央）と握手するダレス国務長官。右は重光外相（1956年３月ごろ）

を締結するつもりであったと指摘する。

　しかし、この交渉上の「カード」に過ぎなかった四島返還論が、後の交渉で重光自身の手を縛ることになる。なぜなら、五五年一一月の「保守合同」によって自由民主党が結成され、その際、四島返還が党の公式の立場となったからだ。また五六年三月には、外務省の下田武三条約局長が国会答弁を行い、択捉・国後・歯舞・色丹の四島をひとまとめとして扱う「北方領土」という言葉を用いて、これがサンフランシスコ講和条約で放棄した「千島列島」にはあたらないという立場を表明した。

　行き詰まった交渉を打開するため、五六年七月に重光は訪ソし、ここで二島返還へと立場を転換した。これには日本政府も、多くの自民党議員も反対した。さらに八月には重光と会談したダレス国務長官も、二島返還でソ連に譲歩すれば、アメリカは沖縄の施政権を返還しない可能性を示唆した。これは「ダレスの恫喝《どうかつ》」として知られている。

ダレスはなぜ「恫喝」を行ったのか。この問題については現在も歴史家の議論が続いている。一つの可能性は、ソ連にとって国後・択捉が軍事的に重要なことを理解していたダレスが、重光に四島返還の立場を維持させて、領土問題を未解決のままにしようとしたことだ。その動機は、日本の世論を反ソ的な方向へと誘導することにあったと考えられる。

また、ダレスは日ソの国交回復が、日中関係改善へとつながることを恐れてもいた。この時期の中国は、日米を離間させて日本と接近するため、日中関係正常化を繰り返し呼びかけていた。これに懸念を抱いた国府は、五六年六月初め、日ソ交渉に介入するようアメリカに求めた。こうした理由からダレスは、日本が領土問題で譲歩してソ連と国交回復することを望んでおらず、日ソ交渉に積極的に介入していったのかもしれない。

なんとしてでも国交を回復すべく鳩山は、自ら訪ソする決断を下した。この時鳩山の念頭にあったのは、アデナウアーが平和条約と再統一を棚上げしてソ連との国交を回復したことであった。この「アデナウアー方式」により、両国は、領土問題の解決と平和条約締結を棚上げにし、共同宣言を発して戦争を終結させることに合意した。

一〇月一九日、後述する東欧危機に対処するため急遽ポーランドに向けて出発したフルシチョフに代わり、ブルガーニン首相が鳩山と日ソ共同宣言に署名した。同宣言では平和条約締結に関する交渉を継続すること、平和条約締結後にソ連が歯舞および色丹の二島を日本に引き渡すことがうたわれた。しかし、領土問題と平和条約の二つの問題はその後も日ソ・日ロ間の懸案であり続け、現在も未解決のままである。

ここまで見てきたように、五五年のジュネーブ首脳会談と五六年の日ソ国交回復交渉という二つの事例は、ヨーロッパとアジアで分断体制が確立したのと同時期に緊張緩和の気運が高まったことにより、東側に対する思惑の違いが西側内部で生じたことを示している。そして、同じ時期には東側でも同盟の「揺らぎ」が見られた。しかも、その振幅は西側のそれよりもずっと大きかったのである。

5　東側世界の揺らぎ

スターリン批判

東側における揺らぎの震源地はモスクワであった。一九五六年二月、第二〇回ソ連共産党大会が開催された。スターリンの死後初めて行われたこの大会の最後に設けられた非公開会合で、フルシチョフは、かつてスターリンが犯した様々な罪や過ちを糾弾する演説を行った。フルシチョフは、スターリンが権力を独占して様々な決定をたった一人で行い、また自身の身の安全に対する執着と強い猜疑心から、数多くの無実の人々を粛清したことを強く批判した。

フルシチョフはなぜこのような演説を行ったのだろうか。冷戦史家のウェスタッドは、スターリンに対する個人崇拝と独裁者による権力の乱用、そして彼が犯した数々の罪と誤りを告発することで、フルシチョフは「スターリン主義の過去と決別し、レーニンの党を再び活性化することで、より早く共産主義を実現」しようとしていたと指摘する。スターリンの死後始まっていた非スターリン化をさらに推し進め、共産主義の実現を加速化しようとしたのである。

しかし、これは「諸刃の剣」となり得るものであった。スターリン批判は、世界中の共産主義者が絶対的指導者と仰いできた人物の権威を徹底的に覆すものであった。しかも、フルシチョフをはじめソ連の現指導部も、長らくスターリン体制を支えてきた人たちだった。スターリン批判は、ソ連の現指導部のみならず、共産党そのものの正統性まで損ないかねない劇薬であった。その影響はすぐに、ソ連の最も重要な勢力圏たる東欧に現れる。

ポーランド危機

スターリン後のソ連は東欧でも非スターリン化を推し進めた。スターリン時代とは反対に、東欧の指導者に対して、政治的抑圧の緩和、消費財の生産増加による生活水準の引き上げ、農業集団化の廃止などを求めていったのである。またソ連は東欧諸国との関係を改善するため、定期的に二国間・多国間の会合を持つようにもなる。一九五五年に設置されたワルシャワ条約機構は、東側内部の結束を強化するためのものでもあった。

しかし、非スターリン化の頂点ともいえるスターリン批判は、ソ連と東欧の間に強い緊張をもたらした。五六年六月末、ポーランド西部のポズナニ市に一〇万人の労働者が集まり、労働ノルマや食品価格の引き下げなどを要求した。ポーランド軍が出動してポズナニ暴動はまもなく鎮圧されたが、事態はポーランド各地に飛び火した。そこで一〇月にポーランド統一労働者党（共産党）の指導部はヴワディスワフ・ゴムウカを党の指導者に選出し、国民をなだめようとした。ゴムウカは第二次世界大戦期にポーランド共産党の指導者を務めた人物であるが、戦後にスターリンから、チトーと同様の「右翼的民族主義者」と見なされ、党内の親ソ派から除名・逮捕された経歴があった。

ポーランドでの事態に懸念を募らせたフルシチョフは、鳩山との日ソ交渉をまとめ上げると、ポーランド駐留ソ連軍による介入準備を整えたうえで、一〇月一九日にワルシャワを訪れた。フルシチョフとゴムウカの会談は緊迫したものとなったが、ゴムウカが共産党による統治を維持し、ワルシャワ条約機構からも離脱しないと約束したことで、流血は回避された。

ハンガリーへの軍事介入

しかし同じころには、ハンガリーでより深刻な事態が発生しつつあった。非スターリン化の流れのなかで、ハンガリーでは、スターリン主義者のラーコシ・マーチャーシュが失脚し、改革派のナジ・イムレが首相に就任していた。しかし、ナジとスターリン主義者たちの対立は続き、一九五五年にナジは失脚、ラーコシが権力の座に返り咲いた。その後、五六年二月にフルシチョフがスターリン批判演説を行うと、ハンガリー共産党はソ連の支持を受けてラーコシを失脚させ、その後任に同じスターリン主義者のゲレー・エルネーを据えた。

しかし事態は沈静化しない。引き金となったのは、ポーランドでゴムウカが復権し、フルシチョフとの間で合意を達成したとの報道であった。一〇月二三日には、大学生や知識人、労働者によるデモが始まった。三〇万人ともいわれる人々が、ハンガリーに駐留していたソ連軍の撤退、報道・言論の自由、公正な複数政党間の選挙などを求めて議会へと向かった。次第にデモは暴動へとエスカレートしていく。

ゲレーの要請を受けて、一〇月二四日、ソ連軍がハンガリーへと進軍した。しかし、フルシチョフをはじめソ連指導部は、流血の回避を望んでいた。二四日にナジが首相として再登板することになったのも、ソ連の意向を受けてのものであった。ナジとフルシチョフは交渉を続け、ソ連軍の撤退や秘密警察である国家保安庁の解体などについて一旦は合意した。ナジ新政府がハンガリーの社会主義体制を維持し、東側にとどまり続けるのであれば、ソ連はナジ政権に大きく譲歩するつもりであった。

しかし、ソ連とナジが交渉を続けている間にも事態は悪化し続ける。ハンガリー市民は各地で地方当局を制圧し、共産党本部や国家保安庁の本部を襲撃していた。ナジが状況をコントロールできなくなると、フルシチョフは大規模な軍事介入を行う腹を決めた。第5章で見るように、ちょうど同じころ、中東では英仏がイスラエルとともにエジプトを攻撃し、スエズ戦争が発生していた。フルシチョフは、西側諸国が中東で足をとられている今こそ、ソ連軍が動くチャンスと見たのだ。

ソ連と反乱勢力の間で板挟みとなったナジは、最終的に後者の立場をとり、一一月一日にはワルシャワ条約機構の脱退とハンガリーの中立化を宣言する。しかしその一週間後、ソ連軍はブダペストを制圧し、カーダール・ヤーノシュを新しい指導者に据えていた。

ポーランドとハンガリーの危機は、五〇年代半ばソ連と東欧の同盟関係が揺らいでいたこと、それを押しとどめるためにソ連は必要なら軍事介入を行う意思があることを示した。ではこうした事態に西側はどのように対応したのか。

大統領選挙期間中アイゼンハワーやダレスは、トルーマン政権の封じ込め政策を消極的だと批判し、抑圧的な体制下にあるソ連や東欧の人々の自由を回復する「解放政策」(「巻き返し」政策ともよばれた）の実施を主張した。しかし、実際に東欧で暴動が発生しても非難しただけで、東欧を「解放」する動きを見せなかった。アメリカは、ソ連が東欧の勢力圏を維持する動きを容認したのである。つまりヨーロッパの分断はこの意味でも「安定化」しており、そのなかでソ連と東欧の同盟関係は揺らいでいた。そして、同じような揺らぎは、東アジアの社会主義国の間でも生じていたのである。

「黄金時代」から中ソ対立へ

スターリンの死と彼の後継者たちによる路線転換は、中ソ関係にも大きな変化をもたらした。朝鮮戦争休戦後の中国にとって最も重要な課題は、戦争で荒廃した国家の再建であった。一九五三年半ば中国は「第一次五カ年計画」をスタートさせた。それは、ソ連側の中央計画経済システムをモデルとして、急速な工業化と農業集団化をめざすものであった。毛沢東を中心とする中国の指導部は、三〇年代に急速な工業化を達成したソ連の経験から学ぼうとしていた。また戦争で破壊された国家の復興と発展には、社会主義国家の「先輩」たるソ連の政治・経済・軍事面での援助が不可欠だった。

ソ連の側でも緊密な中ソ関係に大きな期待をかけていた人物がいた。ソ連指導部内で地位を固めつつあったフルシチョフである。フルシチョフは、世界最大の国土を持つソ連が、世界最大の人口を持つ中国と同盟関係を強化すれば、世界中で共産主義の勝利を後押しすると考えていた。五四年一〇月に彼が、初めての外遊先として中国を選び、多額の融資と第一次五カ年計画のための技術的支援を申し出たのもそのためである。さらに五七年には原爆のモデルと関連データの提供も約束された。

冷戦史家ウェスタッドが指摘するように、五〇年代の半ばから終わりにかけて中ソ関係は「黄金時代」を迎えた。しかし「蜜月」の背後では、後の対立の芽がすでに生まれかけていた。スターリン批判とそれに続く東欧危機は、毛沢東の考えに大きな影響を与えていた。

一九五三年に始まった農業集団化やその他の経済政策の成功から、毛沢東は、ソ連モデルではなく、中国独自の様式による社会主義化は可能だと確信するようになっていた。また、スターリンに関する毛沢東の評価は、フルシチョフとは異なっていた。確かにスターリンは多くの誤りを犯した。それでも毛沢東にとってスターリンは、ソ連と共産主義世界のために重要な貢献をした人物であった。さらに、ポーランドとハンガリーの暴動が、非スターリン化に対する毛沢東の疑念を強めてもいた。中国が東欧のような事態に陥ることを防ぐため、独自のモデルに基づいて中国はさらなる社会主義化を推進すべきだと毛沢東は考えたのである。

中ソの相違は、東西関係についても明らかになり始めていた。五七年一一月に毛沢東は、共産党・労働者党代表者会議のために訪ソしている。会議の席上、毛沢東は、ソ連の指導的役割を称賛する一方、社会主義陣営は戦争を恐れるべきではないと発言した。戦争は、帝国主義者を滅ぼし、社会主義者の世界をもたらすというのがその理由であった。西側との平和共存を追求するソ連を暗に批判するこの発言に、ソ連側は心中穏やかではなかった。

モスクワから戻った毛沢東が、五八年春に「大躍進運動」として知られる大規模な生産力拡大運動を主導したことはよく知られている。大躍進運動には、発展モデルと東西関係の両面において急進化しつつあった毛沢東の思想が投影されていた。毛沢東によれば、大躍進運動により中国は「一〇年でイギリスに追いつき、さらに一〇年でアメリカに追いつく」はずであった。しかし、全国の鉄鋼生産量を一年間で倍増させるなど、掲げられたのは「野心的」というより「無謀」な計画だった。その限界はすぐに明らかになり、五九年に始まった飢饉によって六一年までに四〇〇〇万人が犠牲になったという。

ソ連側はこうした政策が逆効果をもたらす可能性を伝え、中国側を戒めようとした。しかし毛沢東が耳を貸すことはなかった。そして毛の急進的な思想が次第に外交政策にも適用され始めると、ソ連の懸念はさらに強まっていく。

五八年になると、ソ連は、中国領内でソ連海軍が使用する通信基地の設置や、中ソ合同潜水艦隊の創設を提案した。ソ連の意図は中ソの軍事協力をより緊密にすることにあったが、毛沢東は激高した。ソ連提案は、中国に対するソ連の統制を強化し、中国の主権と領土的統一性を損なうものにほかならなかった。毛沢東は、当時の在北京ソ連大使に次のように怒りをぶちまけた。「原子爆弾を二つ、三つ持っているからといって、あなたたちは私たちを支配する立場にあると考えているのです」。

慌てたフルシチョフはすぐに訪中し、何とか毛沢東をなだめることに成功した。しかし、帰国してすぐにフルシチョフは、台湾海峡で中国が、アメリカを挑発するような軍事危機を引き起こしたとの知らせを受け取ることになる。

次章で見るように、この第二次台湾海峡危機の前後から、中ソ関係は急速に悪化の一途をたどり、中ソ同盟は六〇年までには事実上崩壊することになる。スターリン批判はその一つの発端となった出来事であった。しかし、東アジアにはスターリン批判の影響を受けた国がもう一つあった。北朝鮮である。

朝鮮戦争後の北朝鮮

一九五三年七月に朝鮮戦争が休戦した時、北朝鮮は焦土と化していた。復興に向けてソ連と東欧諸国は大規模な経済援助を開始した。中国も復興のための支援を惜しまなかった。建国後まもなく、しかも朝鮮戦争で甚大な被害を受けていた中国の援助規模は、ソ連と東欧諸国の合計額よりもかなり大きかった。中朝関係に関する大著で沈志華は、「恩恵と道徳的優位性を示す」ことで毛沢東は、アジアの革命運動における中国の指導性を「内心から」北朝鮮に受け入れさせようとしていたと指摘する。

ソ連型の計画経済モデルに基づいて進められた経済復興は次第に軌道に乗り、六〇年までに北朝鮮の工業生産高は大きく伸びた。東側諸国からの援助が、急速な復興に決定的な役割を果たしたのはもちろんである。また、五七年までには農業集団化もほぼ完成した。

他方で金日成は、朝鮮戦争後、朝鮮労働党内における自身の権威を確立しようとした。同党内部には、多くの派閥があった。かつて朝鮮半島南部で革命に従事した「南方派」、また、戦前にソ連共産党や中国共産党に所属し、両党とそれぞれ強いつながりを持っていた「ソ連派」「延安《えんあん》派」などが、金日成に代わり得る有力勢力であった。

金日成はこれらの勢力を切り崩す一方、国内での宣伝を強化していった。日本帝国主義から祖国を解放し、朝鮮戦争を勝利に導いた「偉大な指導者」というイメージを流布することで、スターリンのように「個人崇拝」を推し進めようとしたのだ。さらに彼は、労働党内におけるイデオロギー面での指導性を確立しようと試みた。五五年一二月の演説は、後に北朝鮮独自の共産主義イデオロギーとなる「主体《チュチェ》」思想に初めて言及したものであった。

「八月宗派事件」とその後

こうして自身の権威の確立を進めていた金日成に、「個人崇拝」を否定するスターリン批判は大きな打撃となった。一九五六年六月に金日成がソ連・東欧・モンゴルへの外遊に出発すると、労働党内の反対派も動き始める。

七月に帰国した金日成は巻き返しに出た。八月三〇日に開催された労働党中央総会で彼は、反対派の重要人物を政府や労働党の職務から解任・除名する決議の採択に成功した。処分対象となった延安派の人物たちは中国に亡命した。また九月三日には反対派の一部が、金日成を強く批判する文書をソ連指導部に提出した。いわゆる「八月宗派事件」である。

中国は延安派が粛清対象となったことに不快感を覚えた。ソ連も、金日成による個人崇拝の行き過ぎが北朝鮮の安定性を損なうことを懸念していた。そこで両国の指導部は、中ソ共同の代表団を平壌《ピョンヤン》に派遣することを決定する。

共同代表団を派遣した目的について、歴史家の見解は分かれている。多くの歴史家は、金日成を解任することが目的だったと見ている。他方、先に紹介した沈志華は、中ソ両国は金日成を解任する意図はなく、彼に反省を促し、北朝鮮の安定化を図るつもりであったと指摘する。スターリン批判が東欧を大きく動揺させたことから、中ソは、北朝鮮の問題を穏健に解決しようとしたというのである。

九月一九日、中ソ代表団は平壌に到着した。金日成は労働党中央総会を再招集し、前述した八月三〇日決議の処分を見直すことで、中ソの批判を受け入れた。だがその後、金日成は再決議の公表引き延ばしを図った。東欧情勢の悪化によって中ソの態度が変わりつつあることを、金日成は敏感に察していたようだ。

一〇月に入り、ポーランドとハンガリーで危機が発生すると、中ソは北朝鮮に介入する余裕を失った。ソ連国内でも保守派によるフルシチョフ批判が強まり、フルシチョフは、自分も「スターリン主義者」だと弁解するところまで追い込まれた。「スターリン批判」をめぐる情勢の変化は、金日成らにとって反対派を弾圧するチャンスとなった。そして、六一年までに金日成は、独裁的な体制を固めることができたのである。

こうして六〇年代の初めまでに経済と内政において足場を固めた北朝鮮は、その後、優位な立場から韓国との体制競争に臨むようになる。だが、韓国もまた日米との連携を深め、経済発展によって北朝鮮に対抗していく。この過程は第7章で詳しく見るが、その前に五〇年代の冷戦のもう一つの重要な側面である、第三世界の情勢について見ておこう。

第5章

脱植民地化と冷戦

非同盟諸国の首脳たち。左からネルー、ンクルマ、ナーセル、スカルノ、チトー（1960年9月）

前章までで、冷戦開始後に分断体制が確立し、東西双方の同盟関係が変化し始める過程をヨーロッパと東アジアを中心に見てきた。だが、対立の舞台は超大国間、ヨーロッパ、東アジアにとどまらなかった。一九五〇年代半ばまでに冷戦はグローバルなものとなっていた。新たな戦場は東南アジアや南アジア、中東、アフリカ、中南米といった低開発地域である。これらの地域は、すでに経済発展を遂げていた西側諸国と、社会主義諸国からなる東側という二つの世界に対して、「第三世界（Third World）」とよばれた。第三世界は、第二次世界大戦後、それまで欧米や日本の植民地支配のもとにあった人々が独立し、新しい国家を作り出していく脱植民地化の流れのなかで生まれた。

第三世界における冷戦は、脱植民地化のプロセスと互いに影響を与えあい、複雑な様相を呈することとなる。本章では、まず、脱植民地化と冷戦の関係について一般的な説明をしたうえで、いくつか具体例を見ていきたい。

1　米ソ・宗主国・第三世界

「熱戦」はなぜ生じたのか

第1章で見たように、後に第三世界とよばれるようになった地域の大部分は、第二次世界大戦以前、欧米や日本による帝国的支配のもとに置かれていた。だが、大戦をきっかけに、支配されていた側の人々は、外国による支配を打破し、自らの国民国家を建設する動きを強めていく。そして、第二次世界大戦が脱植民地化の動きを不可逆なものとしたのである。

冷戦期に第三世界はしばしば戦場となった。それは第三世界の政治指導者たちが、植民地支配を再開しようとした西欧宗主国に対して独立戦争を戦ったり、新国家の政治・経済体制をめぐって互いに武力で争ったりしたからであった。また、脱植民地化の過程で誕生した新国家の間で、その地域の伝統的・歴史的な対立を背景とした紛争が発生することもあった。

第二次世界大戦後の第三世界には、対立や武力衝突が発生しやすい素地があり、一九五〇年代に入ると、ここに米ソが繰り返し介入するようになっていく。米ソは、親米／反ソ、ないしは親ソ／反米的な政治勢力に対して、それぞれ軍事・政治・経済的支援を行った。第三世界各地の対立・紛争を、自国の冷戦戦略にとって有利な方向へと導くためである。ただし、実際にはソ連や共産主義の脅威が存在しなかったにもかかわらず、アメリカが冷戦の観点から介入した例も多い。

ヨーロッパの冷戦とは対照的に、第三世界の対立がしばしば実際の武力衝突を伴う「熱戦」となったのは、冷戦と脱植民地化が交錯したことに大きな理由がある。第3章で描いた中国共内戦や朝鮮戦争も同じように説明できるだろう。本来、別々の歴史的な事象であった脱植民地化と冷戦は、たまたま同じ時期に発生したため影響を与えあい、互いの性質を規定することになったのである。

「発展モデル」としての米ソ

第三世界の政治指導者たちは、しばしば、自分たちがめざすべき近代国家の像や経済発展の「モデル」を米ソ両国のイデオロギーに見いだした。

第二次世界大戦後、世界で最も経済的に豊かで、軍事的にも強大な力を持つアメリカは、資本主義・市場経済に基づく経済発展のモデルであった。また、ウィルソン大統領が各民族の自決権の原則を表明して以来、アメリカは基本的には反植民地主義の立場に立ってきた国でもあった。この意味でもアメリカは、独立を達成し、自らの新国家を作ろうとする第三世界諸国にアピールする存在であった。

アメリカとは対照的に、ソ連は国家が主導する計画経済システムの可能性を示すものだった。ソ連は、ロシア革命以来一貫して反帝国主義的な立場をとってきた国であった。さらにスターリンの指揮のもと、戦間期に急速な重工業化と軍事力強化を達成し、第二次世界大戦ではドイツ打倒に大きく貢献した国でもあった。

米ソの側でも、新興国が自身と同じイデオロギーに基づく国家体制を採択することが、冷戦を戦ううえで重要な目標となった。自らのイデオロギーが、相手のそれよりも優れたもの、より正統なものであることの証明だと考えられたからである。

ただし第二次大戦後、ソ連が、第三世界への介入を深めるまでには少し時間がかかった。冷戦初期にソ連外交を指導していたスターリンは、第三世界を重視していなかった。ソ連の安全保障戦略の要はヨーロッパだと考えていたからだ。しかし、スターリンの死後、次第にソ連外交を主導するようになったフルシチョフは、ソ連モデルの魅力を確信し、貿易や経済援助を通じて第三世界におけるソ連の影響力拡大に努めた。

こうした二つの対照的な発展モデルを提示する強力な国家が相対峙する状況は、第三世界の指導者にとってはチャンスであった。独立戦争や内戦を戦ったり、独立達成後の国家建設を進めたり、各地域独自の文脈のなかで発生した紛争を戦うために必要な援助を、東西いずれかの陣営から獲得する機会を得られたからである。

だが、米ソとの関係構築を模索した第三世界の国々のすべてが、米ソいずれかとイデオロギーを共有し、それぞれが体現する「モデル」の実現をめざしていたわけではない。冷戦とは異なる起源を持つ歴史的な対立や、独自の国益、安全保障上の利害などへの考慮から、米ソに接近した国々もあったのである。

アメリカ外交史家のロバート・マクマンが『冷戦史』で指摘するように、第三世界諸国が西側を選んだ理由は、必ずしもソ連の脅威に対抗したり、反共主義を共有していたからではなかった。多くの場合、各国はその地域における歴史的な対外政策や、国内政治上の必要性から米ソに接近しようとした。そして、それが第三世界で同盟国を探していた米ソのニーズと一致した時、両者の提携が可能になったのである。

また、東西どちらの陣営にも与しない「非同盟」という姿勢を明確にし、互いに連帯することで冷戦に巻き込まれることを防いだり、欧米諸国を中心とする帝国主義的な支配に対して批判的な声をあげようという動きも存在していた。

西欧宗主国とアメリカ

もう一つ、冷戦と脱植民地化の関係を見る際に念頭に置くべきは、アメリカの西欧同盟国の多くが第三世界で植民地を保有する宗主国だったことだ。

ヨーロッパ冷戦を戦ううえで重要な西欧諸国との同盟関係は、第三世界でアメリカが効果的に冷戦を戦うことを難しくした面があった。アメリカが自決権の原則と脱植民地化を支持したことに、宗主国である西欧諸国は反発した。また、第三世界の政治勢力やソ連は、西欧諸国と同盟を組むアメリカを「帝国主義的」と批判することで、「反帝国主義」を掲げる第三世界にアピールしようとした。植民地や帝国権益を維持したい西欧諸国と、ソ連との対抗上、脱植民地化を後押しし、第三世界諸国を西側陣営に引き入れたいアメリカとが脱植民地化をめぐってしばしば対立したのはそのためである。

他方、第二次大戦で自国の国力が大きく低下したと考えていた西欧同盟国は、帝国権益を維持するためにアメリカの巨大な力を利用しようとした。旧宗主国は、しばしば自国の植民地における共産主義の脅威をことさらに強調し、アメリカの援助や関与を得ようとしたのである。

こうした理由から、脱植民地化と絡まりあいながら展開した第三世界の冷戦は、米ソと西欧宗主国、第三世界の政治勢力の間で複雑な様相を呈するものとなった。以下では、こうした第三世界における冷戦と脱植民地化の力学を見ていきたい。アフリカについては一九七〇年代以降の事例を、第９章以降で複数検討するので、本章では、まず東南アジアと南アジアに目を向ける。その後、非同盟運動の展開に触れたうえで、中東・中南米のケースを見ていくことにする。

2　東南アジア

インドネシア独立戦争

インドネシア独立戦争は、アメリカが冷戦的な考慮から、西欧の同盟国であったオランダの植民地主義を退け、民族主義者であるスカルノらの独立を支援して脱植民地化を進めようとした事例である。

インドネシアを含む東南アジアの各地域は、第二次世界大戦前、イギリス、フランス、オランダといった西欧諸国の植民地支配下にあった。第二次世界大戦が始まると、東南アジアは南進した日本の占領下に置かれるようになった。

なかでも日本にとって重要だったのがインドネシアであった。一九四一年にアメリカが対日石油禁輸に踏み切ると、日本は戦争遂行に不可欠な石油をインドネシアから手に入れるほかなかったからだ。四二年春に日本は、オランダに対する独立運動を展開して逮捕されていた民族主義の指導者スカルノを救出し、協力を要請した。独立の可能性をちらつかせながら、スカルノやモハマッド・ハッタら民族主義の指導者の歓心と協力を得ようとしたのである。

そしてスカルノは、戦争終結まで日本に協力していく。彼は日本を利用して独立を達成しようとしたのだ。

天皇による「玉音放送」から二日後の四五年八月一七日、インドネシア共和国の独立が宣言され、スカルノは初代大統領に就任する。しかし、オランダはこれを認めず、植民地支配を再開しようとしたため、インドネシア側との武力衝突が始まった。

四六年一一月には一旦、停戦協定（リンガルジャティ協定）が締結されたが、オランダはこれを破棄し、四七年七月、治安維持のための「警察行動」と称して大規模な攻勢をかけた。これに対して創設されたばかりの国連安全保障理事会が動き出し、即時停戦と仲裁による解決を求める安保理決議が採択された。この決議に基づいてアメリカ、ベルギー、オーストラリアが仲裁に入り、翌年一月には再度、休戦協定（レンヴィル協定）が締結される。

しかし停戦は長続きしなかった。四八年九月、レンヴィル協定に反対するインドネシア共産党（PKI）が、ジャワ島東部の都市マディウンで武装蜂起を引き起こした。共和国政府はこれをすぐに鎮圧したが、この機に乗じてオランダは一二月、二回目の警察行動に打って出たのだ。オランダによる第二次警察行動で、スカルノやハッタといったインドネシア共和国の指導者が拘束されると、国連安保理は、再び即時停戦と指導者たちの釈放を求める決議を行った。

重要なのはこのころからアメリカの態度が変化し始めたことである。第2章で見たように、この時期にはヨーロッパで冷戦が深まりつつあった。そのため、西欧の経済復興を重視するアメリカは、同盟国オランダを経済的に支援し、オランダ植民地であったインドネシアで共産主義勢力が拡大することも望んではいなかった。しかし、インドネシア共和国政府が、マディウンでのPKI蜂起を弾圧したことから、アメリカは、インドネシア独立革命が共産主義拡大につながることはないと判断するようになる。むしろ問題は、オランダによる植民地支配の継続であった。それはインドネシアの反西欧ナショナリズムを強め、共産主義やソ連の影響力が拡大する土壌となりかねなかった。

第二次警察行動の後、アメリカは、インドネシアに主権を委譲するようオランダに求めていった。一九四九年三月には、トルーマン政権のアチソン国務長官がオランダ側に対して、武力によるインドネシア再植民地化を今後も継続した場合、マーシャル・プランを通じた経済支援を停止する可能性すら示唆している。最終的にインドネシアが独立を達成したのはその翌年のことであった。

第一次インドシナ戦争

アメリカが、インドネシアとは正反対の姿勢をとったのがインドシナ半島のベトナムである。ベトナム独立の動きに対してアメリカは、冷戦の観点から、宗主国であり同盟国のフランスを支援する態度をとった。フランスの方も、アメリカを巻き込み植民地を維持するため、冷戦の反共レトリックを活用した。独立戦争を主導したホー・チ・ミンは東側諸国に依存することとなり、ベトナムは冷戦の分断国家になっていくのである。

一九世紀後半からフランス植民地であったインドシナにおいて、独立運動を主導したのが「ベトミン（Viet Minh）」の略称で知られるベトナム独立同盟会である。一九四〇年に始まった日本のインドシナ占領と日本の敗戦を経て、四五年九月二日、ベトミンの指導者ホー・チ・ミンはベトナム民主共和国（後の北ベトナム）の独立を宣言した。

この時期、ホーはアメリカに支援を求めていた。例えば、ベトナム独立宣言の冒頭でホーは、アメリカ独立宣言（一七七六年）の一節を引用している。アメリカに直接アピールしようとしたのだ。さらに、四五年秋からフランスがインドシナの再植民地化に乗り出すと、トルーマン大統領に書簡を送り、ベトナム独立を支援するように訴えた。

しかしトルーマンが好意的に応じることはなかった。冷戦が進展するなか、ヨーロッパで英仏の協力が必要だと考えるようになったアメリカは、フランスのインドシナ復帰の動きに反対しなかった。また、第2章で見た一般命令第一号に従って北緯一六度線を境にインドシナを分割占領していたイギリスと国府も、フランス軍が自国の占領地域に展開することに同意した。

可能ならば戦争は避けたかったホー・チ・ミンは、フランスとの妥協を模索した。しかし、両者の主張は折り合わず、四六年一二月、フランスとベトミンの間で第一次インドシナ戦争が始まる。四九年三月にフランスは、旧グエン朝の皇帝であったバオ・ダイを擁立し、「南ベトナム」として知られるようになる「ベトナム国」を打ち立てた。こうして、二つのベトナム国家がその正統性をめぐって戦う構図ができあがった。

五〇年一月には中ソ両国が相次いで北ベトナムを承認し、東欧諸国と北朝鮮もこれに続いた。さらに中国は、北ベトナムに対して本格的な軍事援助を開始する。五月にはアメリカも対仏支援に乗り出した。ベトナム戦争史の大家フレドリック・ログヴォールはここが「分水嶺」であったと指摘する。これ以降、第一次インドシナ戦争は「植民地紛争であると同時に、冷戦対立」にもなったのだ。

南北ベトナムの分断

アメリカの対仏支援にもかかわらず、戦争ではベトミンが終始優位に立った。一九五四年春、ディエンビエンフー要塞の攻防戦で大打撃を受けたフランスは、インドシナからの撤退を模索し始める。

イギリスとソ連も事態の外交的解決を模索し始めた。両国は、朝鮮戦争のような米中の軍事衝突がインドシナでも発生し、第三次世界大戦へとエスカレートすることを恐れていた。その背後には、第4章で見た、ソ連の平和共存外交とイギリスの緊張緩和外交があった。五四年四月から始まったインドシナ和平のためのジュネーブ外相会議では、英ソが共同議長を務めることになる。

ジュネーブ会議が始まった時、ベトミンは国土の四分の三を掌握していた。だが、北緯一七度線でベトナムをほぼ半分に分割することを最低条件と考えていたアメリカは、妥協せず、戦争努力を続けるようフランスに圧力をかけ続けた。

他のジュネーブ会議参加国は交渉妥結を望んでいた。戦争の当事国フランスは国民の「戦争疲れ」を懸念していたし、イギリスは、アメリカの直接介入が世界大戦につながることを恐れていた。ベトナムの同盟国ソ連も、もともと戦略的利害の薄い東南アジアで、アメリカと対決せざるを得なくなることを危惧していた。朝鮮戦争を終えたばかりの中国は、国内復興に注力するため安定した国際環境を望んでいた。中ソが休戦協定を受け入れるようホーに圧力をかけたのも無理はない。

結局のところ、七月までにホーは北緯一七度線を境界線とする休戦協定の受け入れを決定した。国土の半分を確保し、かつ、二年後に南北全土で選挙を実施するという約束を得て妥協することにしたのだ。多くの研究は、中ソの圧力がホーの決断の重要な理由だと指摘する。

しかし、最新の研究は中ソの圧力よりも、ホーがアメリカの介入を恐れたことが重要だったとの見方を示している。また、ベトナム人の「戦争疲れ」や荒廃した国内状況、さらには、選挙が実施されればベトミンが勝利し、北ベトナム主導での南北ベトナム統一が可能になるとホーが考えていたことも重要であろう。

だが、ホーの期待は裏切られた。翌五五年七月、南ベトナムの首相のゴ・ジン・ジエムが選挙実施を拒否する姿勢を示し、アメリカもこれを支持したからである。南ベトナムを東南アジアにおける共産主義封じ込めの礎石と位置づけていたアメリカは、ゴ政権を維持するつもりであった。五四年四月の記者会見でアイゼンハワーは、南ベトナムの重要性を「ドミノ倒し」の比喩を用いて強調している。もし南ベトナムが共産化すれば、東南アジアの他の国々へもすぐにその影響が拡大し、最終的には台湾や日本、オーストラリアまでもが共産化するというのである。

この「ドミノ理論」に基づいてアイゼンハワー政権は、五四年九月に地域防衛機構である東南アジア条約機構（SEATO）を設立し、南ベトナムにも大規模な軍事・経済援助を注ぎ込んでいった。こうしたインドシナ情勢の展開と冷戦の東南アジアへの拡大に深刻な懸念を抱いていた政治家が南アジアにいた。インドの首相ジャワーハルラール・ネルーである。

3　南アジア

非同盟主義をとるインド

インドは東西冷戦において、「非同盟」という立場をとった国の典型例である。また、その結果、当初は米ソ双方との関係は良好とはいいがたかったものの、結局は両国から利益を享受した国でもあった。

一九四七年八月にイギリスから独立したインドの舵取《かじと》りを担ったのが、ネルー首相と彼の率いる国民会議派であった。二七年に訪ソして以来、ネルーは、中央計画経済や農業集団化といったソ連の政治経済システムに新生インドの発展モデルを見いだしていた。事実、五一年にインドは第一次五カ年計画に着手している。だが、ネルーは東側に与するつもりはなかったし、インド国内の共産主義者に対しては断固たる態度をとっていた。

ネルー指導下のインドが、反植民地主義や反人種主義を掲げ、東西対立の危険性に警鐘を鳴らし、東西双方から距離をとる「非同盟主義」の外交路線をとったことはよく知られている。ネルーにとって冷戦とは、ヨーロッパ中心的な国際体制であって、低開発や飢餓、植民地支配による抑圧といった本当に重要な問題から世界の関心をそらすものであった。

またネルーは、アジアで緊張が高まり、米中の武力衝突へと発展することを恐れていた。それは、インドが国家形成を進めていくうえで必要な、安定した国際環境を大きく損なうものであった。朝鮮戦争や第一次インドシナ戦争の休戦に向けて、ネルーが東西間の仲介役を果たそうとし、非同盟主義に共鳴する第三世界の指導者たちとともに後述するアジア・アフリカ会議の開催を主導したのはそのためである。

ただし、ネルーの非同盟主義は高邁な理想主義のみに基づくものではなかった。反植民地・反人種主義的な立場をとる非同盟諸国のリーダーとして振る舞い、また、時には東西間の仲介役を担うことで、新興国家インドの国際的な地位と影響力を高めることができるという戦略的な発想を彼は持っていた。また、東西両陣営から適当な距離を置くことで、双方から経済的支援を受けられるとの思惑もあった。

またインドには、非同盟主義を貫く一方で、対外安全保障のために現実主義的な政策を追求した面もあった。例えば、後述するようにインドは、対米接近したパキスタンに対抗するため、ソ連との関係拡大を模索した。ネルー自身が四九年の演説で述べたように、インドは「理想主義と国益を結びつけ」ようとしていた。

こうしたネルーの外交政策が、アメリカの南アジア政策と相容れることはなかった。トルーマンもアイゼンハワーも、四億人を超える人口を持ち、イギリス型の議会制民主主義体制をとるインドを西側陣営に引き入れたいと考えていた。しかしネルーは、これを受け入れようとはしなかった。トルーマンもアチソン国務長官も、「非同盟主義とは東西両陣営から距離を置いて自律性を保つことだ」というネルーの主張を信じることができなかった。社会主義的な経済政策をとり、朝鮮戦争の勃発後すぐに休戦に向けた仲介外交を積極化させたインドに対して、トルーマン政権は強い不信感を抱いていた。このギクシャクした米印関係は、続くアイゼンハワー政権へと引き継がれていく。

アメリカに与するパキスタン

インド亜大陸に誕生したもう一つの国家、パキスタンの対外政策はインドとは対照的なものであった。パキスタンは、非同盟運動の一翼を担っていたにもかかわらず、当初からアメリカ寄りの姿勢を明確にしていた。だが、それはパキスタンがソ連や共産主義に対して脅威を感じていたからではない。パキスタンとソ連の間に大きな利害対立はなく、国内政治における共産党の影響力も強くはなかった。

パキスタンにとって最大の脅威はインドであった。ことあるごとにパキスタンが「反共」姿勢を明確にし、冷戦における旗幟《きし》を鮮明にしたのも、アメリカから対印安全保障への関与と軍事援助を引き出すためであった。パキスタンは、冷戦とは直接関係の薄い自国の利害のために、冷戦を積極的に利用しようとした国の例である。

パキスタンはもともと、インドとともに英領インドを構成していたが、一九四七年八月に独立した。インドがヒンドゥー教徒を中心としていたのに対し、パキスタンはイスラーム教徒を中心としていた。英領インドでは長年独立闘争が展開されていたが、その過程でマジョリティであるヒンドゥー教徒を中心とした国民会議派と、イスラーム教徒を中心とする全インド・ムスリム連盟の対立が深まった。それはイギリスがインド支配を継続するために、両者の分裂を促す分割統治を行ったからでもあった。国民会議派がイスラーム教徒も含めての独立を追求する一方、ムスリム連盟は、ヒンドゥー教徒による支配が強まるとして、イスラーム教徒のための国家パキスタンを設立する分離独立を訴えた。その結果、二つの国家が誕生したのである。

独立当初からパキスタンは、様々な論点をめぐってインドと対立した。早くも四七年一〇月にはカシミール地方の帰属をめぐって最初の戦争（第一次印パ戦争）を経験している。その後も印パ両国は、六五年、七一年の二度にわたって戦火を交えた。それゆえパキスタンは、インドと対抗するために冷戦対立を利用し、アメリカに接近したのだ。

アメリカの側でもパキスタンに対する期待感は高かった。後で見るように、アメリカは、中東諸国をソ連・共産主義の脅威から防衛する必要性を感じていた。アメリカにとって戦略的に重要な西欧経済が、中東の石油資源に依存していたからだ。五三年半ば、ダレスは中東防衛強化のための「北層計画」に着手した。「北層諸国」――北側にソ連を臨む中東北部に位置するパキスタン、イラン、イラク、シリア、トルコ――を組織化するこの計画を推進する際にダレスは、アメリカへの協力姿勢を強く示したパキスタンを重視したのである。

五四年に米パが相互防衛援助条約を調印すると、インドは、この条約は南アジアに冷戦を持ち込むものだとして強く批判した。この同盟の実際の対象が、ソ連でなくインドだと考えたからである。パキスタンは、さらにSEATO（五四年）とバグダード条約機構（五五年）にも参加する。後者の正式加盟国はトルコ、イラク王国、イギリス、イラン、パキスタンであったが、「オブザーバー」として参加したアメリカを実質的なリーダーとするものであった。

米ソのはざまで

同じころ、フルシチョフ指導下のソ連は、スターリン時代の方針を大きく転換し、第三世界への接近を模索していた。大きな人口を持ち、非同盟主義を掲げるインドはソ連の新政策の重要な標的となった。インドも、一九五〇年代半ば以降、経済面を中心にソ連との関係を深めようとした。ソ連の経済モデルに共鳴していたことに加えて、パキスタンがアメリカから支援を受けるようになったからであった。

五五年二月、インドとソ連は経済援助協定を締結した。アジアの非社会主義国としては初めてのことである。その二カ月後にネルーはソ連を公式訪問し、一一月にはフルシチョフが訪印を果たした。これに懸念を抱いたアメリカは、五〇年代後半、パキスタンとの軍事的関係を維持する一方で、インドへの経済援助を拡大していった。ソ連封じ込めという目的を念頭に、アメリカは、印パ両国と関係を深めようとしたのだ。

このように非同盟政策によってインドは、米ソ双方から支援を得たのであり、この意味で冷戦はインドにとってプラスに働いた。だが、この後見るように、東西間の軍事紛争、とりわけ米中衝突に巻き込まれるリスクは常に存在していた。五〇年代半ばにアジア・アフリカの新興国が団結を見せた背景には、こうした認識があったのである。

4　非同盟主義の台頭

一九五〇年代半ばのアジア

一九五〇年代半ばには、東アジア・東南アジア・南アジアに冷戦が着実に波及しつつあるかに見えた。

ディエンビエンフーの攻防が示したように、五四年前半、インドシナ半島は危機的な状況下にあった。四月にジュネーブで休戦交渉が始まり、七月にはインドシナ休戦が実現した。だが、ジュネーブ会議の結果、中国に対するアメリカの懸念はかえって強まった。英ソとともにジュネーブ協定の成立に尽力したことで、中国の威信と影響力が拡大したと考えられたからである。

五四年夏にアメリカの国家安全保障会議が「戦争の危険を冒してでも、しかし意図的に戦争を引き起こすことなく、アジアにおける共産中国の影響力を減退させる」との方針を採択したことは、中国に対するアメリカの危惧をよく示している。また、五四年九月に成立したSEATOも、中国封じ込めの意味合いを強く持つものであった。こうしてアメリカが「対中封じ込め」を強化するなか、五四年九月には、前章で見た第一次台湾海峡危機が始まり、米中関係は一触即発の事態に陥ったかに見えた。さらに、この時期には、米パ相互防衛条約が締結され、パキスタンのSEATO加入も実現した。

アジア・アフリカ会議（バンドン会議）への道

アメリカの対ソ・対中同盟網がアジアに拡大し、インドシナや台湾海峡で危機的状況が生じることに強い危惧を抱いたのが東南アジア諸国である。

一九五四年四月、セイロン（現・スリランカ）のジョン・コテラワラ首相の呼びかけで、インド、セイロン、ビルマ（現・ミャンマー）、パキスタン、インドネシアの五カ国首相がセイロンの首都コロンボに集結した。彼らは、インドシナ戦争が米中戦争、さらには第三次世界大戦にエスカレートすることへの危機感を共有していた。最終的には、インドシナ休戦・自決権・独立と主権の尊重・水爆実験禁止・中国の国連加盟などを提唱する、アメリカ・西側の冷戦政策に批判的な決議が採択された。

このコロンボ会議で、アジア・アフリカ会議の開催を提唱したのが、インドネシア首相のアリ・サストロアミジョヨである。一九五〇年から三年間、彼は駐米大使として各国の外交官と意見を交わす機会を持った。ここでサストロアミジョヨは、アジア・アフリカ諸国が似通った状況下にあり、どの国も米ソ冷戦に巻き込まれることを危惧していることを見てとった。そして、いまだ国家建設の途上にあり、国力や影響力が限定されたアジア・アフリカ諸国が、望ましい国際環境を実現するためには互いに連帯しなければならないと考えるようになったのである。

スカルノは、サストロアミジョヨの構想を強く支持した。オランダと四年間の独立戦争を戦ったインドネシアは、国家建設と経済成長のために安定的で平和な国際環境を必要としていた。だが、アメリカの強硬な対中政策は東南アジアに戦火をもたらしかねない。特に、英仏という植民地帝国が参加して、対中包囲を目的としたＳＥＡＴＯが形成されたことは大きな懸念であった。コロンボ会議での提案には、インドネシア首脳のこうした情勢認識が反映されていた。

インドネシア提案に対する各国の反応は決して前向きなものではなかった。だが、ネルーの態度が会議開催の鍵だと判断したサストロアミジョヨが、訪印してネルーを説得した。これによって道が開かれ、五五年四月、インドネシアのバンドンでアジア・アフリカ会議（バンドン会議）が開催されたのである。

バンドン会議には、ネルーやスカルノらコロンボ会議五カ国に加えて、中国の周恩来《しゅうおんらい》首相、エジプトのガマール・アブドゥール＝ナーセル首相ら、二九カ国の首脳が参加した。採択された「平和十原則」は、基本的人権と国連憲章の尊重、主権と領土保全の尊重、人種・国家の平等、内政不干渉、相互不可侵、などをうたうものであった。バンドン会議は、脱植民地化のなかで新たに登場したアジア・アフリカ諸国の立場を明確にし、その連携を促す最初の試みだったのである。

非同盟主義運動のさらなる展開

こうしてバンドン会議が成功を収めると、その直後から、第二回目のアジア・アフリカ会議を開催しようとする動きが出る。しかし、後述するようにスエズ運河をめぐって中東情勢が緊迫し、さらに、パキスタンのバグダード条約機構加盟をめぐって、インドやビルマと、パキスタンの間で対立が生じたこともあって開催にはいたらなかった。

だが、非同盟主義の流れはその後も引き継がれていく。一九五六年七月、インドのネルー、エジプトのナーセル、そして東欧の国でありながらソ連から距離を置く独自路線をとっていたユーゴスラヴィアのチトー大統領が会談した。そして彼らは、非同盟主義をとる諸国の首脳会議を開催することを決定した。

五〇年代後半には、ここにインドネシアのスカルノやガーナのクワメ・ンクルマ大統領が加わり、反植民地主義と東西間の「平和共存」を追求する非同盟運動をリードするようになる。例えば、一九六〇年九月の第一五回国連総会で五首脳は、東西間の諸問題を解決するための「接触」再開を米ソ首脳に求める共同提案を行った。この試みは失敗したが、非同盟諸国の活発な動きを世界に印象づけることになった。

六〇年代の初めまでに国際社会における非同盟諸国の存在は決して無視できないものとなった。その背景にあったのが国連加盟国数の増大である。四五年に国連が創設された後、しばらくの間、西側諸国は国連総会で容易に三分の二以上の多数を獲得することができた。しかし脱植民地化が進み、新たな独立国が誕生するにつれて国連加盟国数は増大していった。

六〇年にはアフリカの一七カ国が一挙に独立・国連加盟を果たした。いまや、アジア・アフリカ諸国は国連総会の全九九票のうち四四票を占めるようになり、もはや西側諸国が国連総会の議論を主導することは困難だと考えられるようになった。

次章で見るように、脱植民地化の結果として生じた国連加盟国数の増加と、それを背景とした非同盟主義の台頭は、六〇年代初めにヨーロッパで発生したベルリン危機の展開にも影響を与える。だが、その一方で、非同盟諸国のほとんどが存在する第三世界は、五〇年代後半以降も米ソによる介入の対象であり続けた。その舞台の一つが中東であった。

5　中東

第二次世界大戦後の中東

第二次大戦後も中東は、依然として英仏の支配下にあった。第一次世界大戦後、それまでオスマン帝国の版図であった地域のうち、アラブ（アラビア語話者の住む地域）にあったシリアやレバノンはフランスの、パレスチナはイギリスの信託統治下に置かれた。エジプトやイラク、ヨルダンなどは各国の君主のもとで独立を付与されたが、依然、イギリスの強い影響力――非公式支配――のもとにあった。イランは、宗教や言語、文化の面で異質な地域であり、その北部はソ連が、南部はイギリスがそれぞれ占領していた。

第2章で見たように、第二次大戦直後のイギリスは、帝国を堅持するため中東と東地中海の要衝を確保しようとしていた。また、フランスにとっても帝国維持は至上命令であった。そのことは、前述したインドシナの事例からも明らかである。

アメリカにとっても中東は重要であった。最も重要な同盟国である西欧と日本の経済復興に石油は不可欠だったが、その約七〇%は中東に依存していたのだ。石油をはじめとする戦略資源がソ連の統制下に入ることは、大きな安全保障上の脅威であった。それゆえ、資源国有化などをめざす第三世界のナショナリストの動きが、共産主義やソ連の脅威と結びつけて考えられるようになった。そのケースの一つとしてイランを取り上げよう。

イラン石油国有化

冷戦対立のなか、石油という資源の重要性ゆえに、アメリカとイギリスが協力して介入した事例がイランである。米英は、東側陣営寄りになりそうな指導者を秘密工作で排除し、西側寄りの指導者を据える。その指導者パフラヴィー朝のムハンマド・レザー・シャー(シャーは「国王」の意味)もまた、積極的に資本主義・市場経済に基づく経済発展モデルを採択し、イランの近代化を推し進めていく。

シャーが統治するイランは、第二次世界大戦後も引き続きイギリスの非公式支配のもとにあった。イランの石油利権を独占する英系のアングロ・イラニアン石油会社（ＡＩＯＣ）を通じて、イギリスはイランの政治・経済を牛耳っていた。一九三三年に締結された利権協定に基づいてイラン政府がＡＩＯＣから受け取っていた収益は、わずか一〇％ほどだった。だが、五一年に民主的な選挙が実施され、ナショナリストのムハンマド・モサッデクが首相に就任する。そして、五一年五月、イラン国民議会は石油産業の国有化を議決した。

これにイギリスは、イラン産石油の禁輸措置によって断固対抗する姿勢を示し、アメリカにも支援を求めた。強硬措置によってモサッデク政権に妥協を強いるか、現政権が倒れた後で、イギリスに有利な利権協定を新政権と再締結することを欲していたのである。しかし、トルーマン政権期、そしてアイゼンハワー政権初期のアメリカは、英・イランの合意による解決をめざして仲介を行った。適正な補償が行われるのであれば、新興国が持つ資源国有化の希望は正当なものであり、それに適切に対処しなければ、その国の人々をソ連の側へと追いやってしまうと判断されたのだ。

イラン・クーデタ

英・イランともに妥協する姿勢を見せないまま、一九五二年を通じて緊張は高まっていった。イギリスの石油禁輸によってイラン経済が悪化すると、モサッデクはツデー党（共産党）をはじめとする左翼勢力に接近していった。モサッデク自身は共産主義者ではなかった。しかし自身への批判が強まるなか、彼は支持勢力を必要としていた。モサッデクの動きにアメリカは警戒感を高めた。四八年のチェコ・クーデタ（第3章）以降、アメリカの政策決定者たちは、ソ連が糸を引く政府転覆工作への懸念を強めていたからである。

最終的にアイゼンハワーはモサッデク政権の転覆工作を承認する。ニュールック戦略の一つの柱である秘密作戦（第4章）が発動されたのだ。ダレス国務長官の実弟であるアレン・ダレス長官の指揮のもと、中央情報局（CIA）はイギリスの秘密情報部（SIS）と共謀して、イラン国内での宣伝工作や反モサッデク勢力の動員を行った。そして五三年八月、イラン軍部によるクーデタが発生する。背後でCIAとSISが糸を引いていたことはいうまでもない。

モサッデクと対立して国を追われていたシャーは、クーデタを機に、アレン・ダレスに付き添われて帰国した。その後、シャーはアメリカの支援を受けて苛烈な独裁体制を敷きつつ、アメリカをモデルとしてイランの近代化を推し進めようとした。また、五五年には、他の中東北部諸国（北層諸国）やイギリスとともに、前述したバグダード条約に調印した。アメリカもオブザーバー参加するこの条約に参加することで、イランは、西側に与する姿勢を明確にしたのである。

このイラン・クーデタ以降、パフラヴィー朝イランは七〇年代の終わりにイスラーム革命が発生するまで、中東におけるアメリカの重要な同盟国であり続けた。しかし、同じ中東でもイランとは異なる道を歩んだ国もあった。エジプトである。

ナーセルとアラブ民族主義

非同盟の立場をとりつつ、インドよりもさらに積極的に米ソ双方から利益を引き出そうとしたのがエジプトのナーセルであった。ナーセルが重視したのがアラブ民族主義であり、イスラエルに対抗すべく、彼は冷戦の対立を利用しようとした。エジプトはまた、冷戦戦略上、第三世界を味方につけたいアメリカと、植民地時代からの影響力を保持したいイギリス・フランスとが対立することになった事例でもある。

一九世紀の終わりにイギリスの保護国となったムハンマド・アリー朝のエジプト王国は、一九二二年に独立を宣言した。とはいえ独立後もイギリスは、その帝国戦略の要衝であるスエズ運河の管理権を維持し、その周辺に三万人の兵力を展開していた。イギリスはまた、エジプト政府に対しても大きな影響力を行使していた。しかし第二次世界大戦後には、イギリス支配から脱しようとする人物が現れた。前節でも登場したナーセルである。

アラブ地域において外国支配に対抗する原動力となっていたのがアラブ民族主義であり、ナーセルはその信奉者であった。一八世紀に登場し、アラビア語の話者の統一と独立をめざすアラブ民族主義は、第一次世界大戦まではオスマン帝国からの、その後は英仏からの独立運動の推進力となっていた。アラブ民族主義者たちにとって自国の君主たちは英仏の協力者、帝国支配の残滓《ざんし》であり、打倒すべき相手でもあった。五二年七月にナーセルらを含む自由将校団はクーデタを決行して王政を打倒し、共和制に移行した。そして五六年にナーセルは大統領に就任する。

アラブ・イスラエル紛争と冷戦

アラブ民族主義者たちには、もう一つ重要な敵がいた。パレスチナのユダヤ人国家、イスラエルである。パレスチナにはユダヤ教、キリスト教、イスラームそれぞれの聖地があり、いずれの信徒にとっても重要な場所である。歴史上、長きにわたって迫害されてきたユダヤ人たちは、戦間期からこの地への入植を開始し、一九四八年にはイスラエルの建国が宣言された。しかし、これに反発したアラブ諸国が派兵し、第一次中東戦争が発生する。翌年には休戦協定が成立したが、その後も両者の対立は続いていく。

五五年二月にイスラエルは、パレスチナのエジプト占領地ガザを攻撃した。イスラエルの脅威に対抗するため、ナーセルはソ連に支援を求め、五五年九月にはチェコスロヴァキア・エジプト間で武器取引協定が締結される。これは、実質的にソ連がエジプトに軍備を供給し始めたことを意味していた。また、このころまでにナーセルは、中東のみならず、第三世界全体で影響力を拡大しつつあった。五五年のアジア・アフリカ会議に参加し、その後、ネルー、チトーとともに非同盟運動を牽引していたからだ。そこで米英は、親ソ的傾向を見せ、第三世界のリーダーになりつつあったエジプトを、再度、西側に引き寄せようとしていく。ここに、アラブ・イスラエル間の地域紛争と、第三世界の冷戦が結びついていく様子を見てとることができる。

ナーセルを慰撫するために米英が用いようとしたのが、ダム建設への援助であった。このころ、ナーセルは農工業発展のための治水手段、電力供給源としてナイル川上流にアスワン・ハイダムを建設する計画を進めていた。そこで米英は資金援助を申し出たのである。しかし、エジプトが、チェコスロヴァキアからの武器購入を停止することはなかった。さらに、五六年中ごろまでにエジプトは、ソ連からもダム建設援助を得ることに成功していた。

当然ながらナーセルに対する米英の敵意は高まった。さらに、フランスもナーセルのことを敵視するようになる。ナーセルは中東における英仏の植民地主義を批判する宣伝戦を展開しており、これがエジプトと隣接する仏領北アフリカの反仏ナショナリズムに油を注いでいたからだ。五六年七月、イギリスの要請を受けてアイゼンハワー政権は、ダム建設援助の撤回を発表した。するとエジプトはスエズ運河会社の国有化を宣言したのである。

スエズ戦争

アイゼンハワー政権は、依然、外交による事態の解決を望んでいた。旧宗主国である英仏の強硬な態度が時代遅れの植民地主義と見なされ、第三世界で反西側感情が高まることを懸念したのである。しかし英仏、そしてイスラエルは共謀して軍事行動の計画立案を進めた。その背後には、スエズ運河国有化阻止とナーセル打倒、エジプトが仏領北アフリカに与える悪影響の除去、アラブの中核国家エジプトへの対抗という、英仏イスラエルそれぞれの思惑があった。

一〇月二九日、まずイスラエル軍がエジプトへの攻撃を開始し、二日後には英仏も続いた。ソ連は、米ソ主導での危機収拾をアメリカに提案する一方、英仏に対しては、撤退しなければソ連の核ミサイル攻撃を受ける可能性があると警告した。だがアメリカは、危機解決のための交渉を通じてソ連が中東での影響力を拡大することを危惧していた。そこでアメリカは、即時停戦と三国の撤退を求める国連決議を可決させ、さらにスエズからの兵力撤退を促すため、同盟国である英仏に経済的な圧力をかけ続けた。その結果、一二月半ばまでに英仏は撤退へと追い込まれる。

スエズ戦争の結果、ナーセルはスエズ運河の支配を維持し、またアラブ世界における名声を確立した。英仏に撤退を余儀なくさせたのは、ソ連ミサイルの威嚇ではなく、アメリカの経済的な圧力であった。しかし、これ以降もフルシチョフは、核兵器の威嚇を用いる外交を積極的に展開していく。次章で見ていくが、フルシチョフのミサイル外交は、一九五〇年代後半から六〇年代初めにかけて到来する核危機の時代への道を敷き、最終的には六二年一〇月のキューバ・ミサイル危機の重要な背景となっていく。ただし、キューバ危機を理解するためには、もう一つの歴史の流れを理解しておかねばならない。第二次世界大戦後から六〇年代初めまでの、アメリカと中南米諸国の関係である。

6　中南米

アメリカによる非公式支配

冷戦開始以前から、中南米におけるアメリカの支配的地位は確固たるものがあった。アメリカが中南米での地位を確立するきっかけとなったのが、一八九八年の米西戦争である。この戦争で勝利したアメリカは、スペイン植民地であったフィリピン、グアム、プエルトリコを獲得した。アメリカはまた、スペインから独立したキューバの憲法に、アメリカの介入権を明記する「プラット修正条項」の挿入を強制し、キューバを事実上の保護国とした。キューバ領内にグアンタナモ海軍基地を保持することにも成功した。

カリブ海地域におけるアメリカの介入は、この地域におけるアメリカ企業の経済活動と密接に結びついていた。例えば、ユナイテッド・フルーツ社のようなアメリカ企業は中米諸国で広大な土地を保有するようになった。また、プラット修正後の一〇年で、キューバにおける砂糖プランテーションの面積は四〇〇%拡大したという。

中南米におけるアメリカの安全保障上の利益と経済利権の結びつきは、戦間期になるとさらに強まっていく。第一次世界大戦でヨーロッパが経済的に疲弊するなか、アメリカは大きく経済力を伸ばした。そして戦後、中南米を含む世界中への投資を拡大していった。

他方、この時期の中南米では反米感情も高まってもいる。ニカラグアでは、一九二七年、アウグスト・サンディーノ将軍によって、同国に駐留する米海兵隊に対するゲリラ戦が始まった。三三年までにサンディーノは、海兵隊を撤退させることに成功した。だが、翌年、ニカラグア軍のアナスタシオ・ソモサによって暗殺される。

このニカラグアでの事件以降アメリカは、直接支配ではなく、親米的・強権的な独裁者を支えるという間接的手段で、中南米諸国における利益と安全を確保する傾向を強めていった。

三六年にクーデタで実権を握ったソモサは、アメリカの支援を受けて支配を固めた。またアメリカはキューバでも、三〇年代半ばに実権を握ったフルヘンシオ・バティスタを支援するようになっていく。

ソモサやバティスタは、アメリカの支援を受けて強権的な体制を維持し、彼ら自身やその一族は富を蓄えていった。こうした状況は第二次世界大戦後も続いたため、反米的なナショナリズムの高まりを招いた。アメリカが支える強権的な独裁政権の支配者やその一族が巨額の資産を蓄える一方、一般の人々の多くは、貧困や低い識字率、低衛生の状態に苦しんでいたからだ。

このように、二〇世紀前半、中南米諸国はアメリカの非公式支配のもとに置かれていた。第二次大戦後の親米独裁政権に対する抵抗運動は、アメリカ支配からの脱却をめざすものであり、この意味で脱植民地化の一例と捉えられる。だがアメリカは、こうした反米ナショナリズムの動きを冷戦のレンズで認識し、介入していった。時には、ソ連や共産主義の脅威が実在しなかったにもかかわらず、である。以下ではこのことを、グアテマラとキューバを例に見ていこう。

CIAによるグアテマラ介入を描いた風刺画。カスティーヨ・アーマス将軍（中央右）がダレス兄弟（中央左）と手を結ぶ。ダレスが左手で支えている爆弾にはアイゼンハワーの顔が、左後方にはユナイテッド・フルーツの輸送船が描かれている（ディエゴ・リベラ画。1954年）

CIAによるグアテマラ秘密作戦

グアテマラは一九三一年からホルヘ・ウビコ大統領による独裁体制下にあった。ウビコはアメリカ政府、そして同国で果樹栽培や輸送を独占支配していたユナイテッド・フルーツ社とも深い関係を持っていた。この時期のグアテマラでは、わずか二％の支配階級が国土の六〇％を所有していた。国民の半数は「インディオ」とよばれていた先住民であり、その多くは識字率が非常に低く、貧困にあえいでいた。

グアテマラの政治状況は四四年に大きく変化する。この年、国民の蜂起によってウビコが政権を追われた。同年一二月の選挙で大統領に選ばれたフアン・ホセ・アレバロは、インディオや労働者の生活を改善するため、政治・経済・社会改革を進めた。五一年の選挙で大統領になったハコボ・アルベンス・グスマンも改革路線を継承した。アルベンスは、五二年に農地改革法を制定し、ユナイテッド・フルーツから広大な土地を接収したうえで国民に再分配する土地改革を進めていった。

アルベンスの政策は、富が偏在し、アメリカに依存したグアテマラの経済構造を変えようとするものであった。しかしアメリカは、明確な証拠がないまま、これを共産主義者の影響力の拡大を意味するものと判断する。五三年にアイゼンハワーは、反アルベンス派の亡命グアテマラ人勢力を用いて政権を打倒する計画を承認した。これを受けてCIAは、反アルベンス派に武器を供与し、グアテマラと国境を接するニカラグアとホンジュラスの領内で軍事訓練を施していった。こうしたアメリカ側の動きを察知したアルベンスは東側に武器支援を求め、五四年五月にはチェコスロヴァキアから兵器が到着し始める。

この東側からの武器購入がアメリカによる介入の引き金となった。五四年六月、カルロス・カスティーヨ・アーマス将軍をリーダーとする反政府勢力が、ホンジュラス国境からグアテマラに侵入した。グアテマラ政府の抵抗に反政府勢力は苦戦するが、CIAが空爆による支援を行ったことで形勢が逆転、アーマスは権力の奪取に成功した。

そのアーマスも五七年には暗殺されたが、CIAによる介入後、グアテマラの「原状回復」は急速に進んだ。一旦は接収された土地もユナイテッド・フルーツ社に返還され、アーマスの後を引き継いだ軍事政権は、反政府勢力を弾圧していった。また六〇年代初めにグアテマラでは、CIAによる軍事訓練も始まった。その標的はキューバのフィデル・カストロ政権であった。

キューバ革命とアメリカ

キューバは革命によってソ連モデルを採択した国であり、また地理的近さゆえにアメリカが最も懸念し苦慮した第三世界の国である。後にキューバは、冷戦期最大の危機が起こる現場にもなり、さらにキューバ自身が冷戦システムの中で主体的な行動をとり、グローバルなレベルで大きな影響を与える第三世界のアクターともなっていく（第9・11章）。

すでに見たように、一九三〇年代からキューバはアメリカの支援を受けたバティスタの独裁支配のもとにあった。しかし五〇年代半ば、バティスタに反旗を翻す人物が現れる。弁護士から武装闘争へと転じたフィデル・カストロである。何度かの失敗の後、五九年一月、カストロはついに権力を掌握した。キューバ革命である。

キューバにおけるアメリカの政治・経済的な影響力を縮小しなければ、真の独立を達成し得ないとカストロは確信していた。だが、アメリカの介入によって転覆されたグアテマラと同じ末路をたどりたくはない。そこでカストロは、対米関係の改善を図りつつ、キューバ国内のアメリカ資産の接収を部分的に進めようとしていく。こうした方針のもと、五九年四月に訪米したカストロはアイゼンハワーに会見を申し込むが、「ゴルフ中」であることを理由に拒絶される。翌月、キューバで農地改革法が採択され、アメリカ資産の接収が始まると、キューバに対するアメリカの態度は厳しいものとなっていく。

こうしたアメリカの態度は、キューバとソ連の接近を促すことになった。六〇年二月、アナスタス・ミコヤン第一副首相がハバナを訪れ、大規模な借款などを約束した。その後両国はさらに関係を深め、六〇年一二月にカストロは、社会主義陣営と連帯する姿勢を明確にする。

ピッグス湾侵攻事件

一方、アメリカとキューバの関係は冷却化していった。アイゼンハワー政権は、米本土から約一六〇キロしか離れていない場所に、社会主義を標榜する国家が存在することを許容できなかった。また、キューバ革命が他の中南米諸国へと伝播することも懸念された。一九六〇年三月、アイゼンハワーは亡命キューバ人を用いてカストロ政権を転覆することをCIAに命じた。アメリカはキューバに対する経済制裁を強化し、六一年一月初めには国交断絶を宣言した。

アイゼンハワーが命じたCIAの秘密作戦は、六一年一月に就任したジョン・F・ケネディ大統領に引き継がれた。四月一七日、グアテマラ領内でCIAが訓練した亡命キューバ人部隊一五〇〇人が、キューバ南部のピッグス湾（現地名ヒロン浜）に上陸した。このことを予期していたカストロ政権は十分な兵力で対応し、上陸軍は窮地に陥った。そこでCIAはグアテマラの際と同じく、米軍による空爆をケネディに求めた。しかし、国際世論を敵に回すことを懸念した新大統領はこれを拒絶する。その結果、カストロは容易に亡命人部隊を撃破することができたのである。

CIAは、この作戦へのアメリカ政府の関与を隠蔽しようとしていたが、上陸軍をアメリカが支援していたことは明らかであった。ピッグス湾侵攻作戦の失敗は、ケネディにとって最初の大きな外交的蹉跌《さてつ》となった。次章で見るように、これ以降、アメリカはさらにカストロ政権打倒に力を入れていく。その結果、アメリカとキューバの関係はさらに悪化し、反対にソ連とキューバの関係は密接なものとなっていく。キューバをめぐる米ソの角逐は、米ソ間の核軍拡競争、そしてベルリンをめぐる対立と相まって、冷戦期で最も危険なキューバ・ミサイル危機へとつながっていくことになる。

第三世界の冷戦の影響

ここまで見てきたように、第二次世界大戦後、脱植民地化が進展していた第三世界では、欧米の帝国的支配から脱して新しい国民国家を作り上げようとする動きが強まっていた。ここに米ソが介入を深めた結果、冷戦の舞台は米ソ間、またヨーロッパを超えてグローバルなものとなっていった。

ただし、第三世界の冷戦を、米ソ対立が一方的に波及した結果として捉えることはできない。第三世界における事態の展開は、他の地域における冷戦の展開にも影響を与えていた。前章で見たように、スエズ戦争で西側が足をとられていたことは、ハンガリー危機でフルシチョフが軍事介入を決めた重要な要因であった。また、次章で詳しく見るように、スエズ戦争をめぐる米英仏間の軋轢《あつれき》は、一九五〇年代後半に西ドイツ核保有をめぐって西側同盟が経験する揺らぎの伏線となる。さらに、本章で描いた、非同盟主義の台頭と国連加盟国数の増大、そしてキューバをめぐる米ソの対立は、ベルリンとキューバをめぐる核危機の展開にも大きな影響を与えていく。第三世界の事態は、米ソ関係やヨーロッパの冷戦と互いに影響を与えあいながら展開していたのである。

第6章

核危機の時代

ウィーン会談でのケネディ（右）とフルシチョフ（1961年6月）

一九五〇年代後半から六〇年代初めは、しばしば「危機の時代（crisis years）」とよばれる。第二次台湾海峡危機やベルリン危機、そしてキューバ・ミサイル危機のように、核戦争の可能性を伴うような東西危機がいくつも生じたからだ。ただし、危機は二つの陣営の間だけで起きたのではなかった。この時期には東西双方の同盟内部でも、危機的な状況が生じていた。そして、その多くがやはり「核」をめぐるものだったのである。

1　核と同盟

米ソ核軍拡競争

第4章で見たように、一九五〇年代の初めに米ソが相次いで水爆を保有した。それ以降、米ソ間では熾烈《しれつ》な核軍拡競争が展開されるようになる。

アメリカの核軍拡は、アイゼンハワー政権の大量報復戦略によって助長された。これは、共産主義者の侵略に対しては場所や規模を問わず、すぐに核兵器による大規模な報復を行うと宣言することで、ソ連の軍事行動を抑止しようとするものであった。大量報復戦略には、トルーマン政権期に拡大した国防費を、強力な破壊力を持つ核兵器に依拠することで削減するという経済的な目的があった。実際にアイゼンハワー政権は、前政権が約五〇〇億ドルまで増加させた国防費を約三四〇億ドルまで削減することに成功した。

だが、国防費とは反対に、アメリカの核戦力は拡大する一方であった。五二年に八四一発だったアメリカの核弾頭数は、六〇年までに一万八六三八発に増えた。攻撃目標まで核爆弾を運搬するための長距離爆撃機も五三年には七六二機だったが、五七年には一六五五機になっていた。米本土からソ連本土に対する核攻撃を可能とする大陸間弾道ミサイル（ＩＣＢＭ）や、潜水艦発射弾道ミサイル（ＳＬＢＭ）の開発も進み、六〇年までには実戦配備された。

ソ連もこれに対抗する姿勢を示した。ソ連はヨーロッパを中心に、陸軍の兵員数では西側に対して圧倒的優位にたっていたが、核戦力ではそうではなかった。五三年夏にソ連は水爆実験に成功していたが、ソ連が保有する核爆弾の運搬手段は限られていた。五〇年代末には米本土に到達可能な戦略爆撃機も配備されたが、それはアメリカの迎撃機に対して非常に脆《ぜい》弱《じゃく》であった。

後述するようにソ連は、五七年には世界初のＩＣＢＭ開発と人工衛星「スプートニク」の打ち上げに成功している。しかし、ソ連のＩＣＢＭ開発は、その後すぐにアメリカに水をあけられた。五〇年代末、ソ連の配備するＩＣＢＭはわずか四基であった。六一年初めにケネディ大統領が受けた報告によれば、アメリカの核戦力は一七対一の比率でソ連に対して優位に立っていた。

このように、五〇年代末の米ソの核戦力バランスは、アメリカ優位の不均衡な状態にあった。とはいえ、両国の核戦力はすでに、地球を何回も破壊し人類を絶滅させ得る「過剰殺戮《さつりく》（overkill）」能力とよばれるほどのものとなっていた。その結果、このころまでには「核の手詰まり」とよばれる状況が発生した。米ソが互いの本土に大規模な核攻撃を仕掛けることが可能になったため、相手に対する核攻撃を躊躇せざるを得ない状況が生まれたのだ。

にもかかわらず米ソは、安全を確保し、外交目的を達成するために核兵器による威嚇を用い続けた。米ソの核軍拡競争と核兵器を用いた外交政策が、本章で見る国際危機の時代の背景にはあった。その時代の幕を開けたのが、ソ連の人工衛星スプートニクである。

スプートニク・ショック

一九五七年八月、ソ連はＩＣＢＭの開発に成功し、その二ヵ月後には世界初の地球周回軌道人工衛星スプートニク一号を打ち上げた。

ソ連が、米本土を直接に核攻撃できるミサイル技術の開発に成功したことは、アメリカ人に大きな衝撃を与え、「ミサイル・ギャップ」という言葉が流行した。ソ連がミサイル開発競争でアメリカと大きく水をあけた、という意味である。ミサイル問題は大きな政治的争点となり、有力な上院議員として次の大統領の椅子を狙っていたケネディをはじめ、民主・共和両党を超えて、アイゼンハワー政権の冷戦政策を強く批判する勢力が現れた。彼らは政府の国防予算削減を批判し、軍事費の拡大とミサイル戦力の増強を強く主張した。

アイゼンハワーやダレスがミサイル・ギャップ論に踊らされることはなかった。彼らは、ソ連の核攻撃を抑止するために十分な核戦力があれば、必ずしも優位に立つ必要はないと考えていた。また、五〇年代半ばから実施されていた、U2高高度偵察機によるソ連領内でのスパイ飛行を通じて、実際にはソ連の核戦力がアメリカに遠く及ばないことも熟知していた。むしろ大統領は、核軍拡がアメリカの財政に与える悪影響を懸念していた。だがミサイル・ギャップをめぐる論争は続き、国内政治への配慮から、アイゼンハワー政権は大規模なミサイル増強計画を採択しなければならない状況へと追い込まれていく。

フルシチョフ自身は、ソ連が核戦力でアメリカの後塵《こうじん》を拝していることを重々承知していた。それでも彼は、強力な核戦力の存在を強調する発言を繰り返した。ソ連は「ソーセージのように」次々とミサイルを生産可能だという、フルシチョフの発言はよく知られている。そしてフルシチョフは、ソ連が核戦力で対米優位にあるという印象を、しばらくの間、西側の人々に持たせることに成功した。

核兵器の破壊力を強調することで、フルシチョフは何を成し遂げようとしていたのか。逆説的だが、彼が望んでいたのは緊張緩和であった。当時のソ連経済は深刻な状況に陥りつつあったし、フルシチョフは一般の人々の生活レベルを改善することで、資本主義に対してソ連社会主義の優位性を示したいとも考えていた。そのためには、核兵器に依存することでコストの大きな通常兵力を削減し、縮小した軍事費を農業分野などの投資に振り向けなければならない。アメリカがソ連を対等な核超大国として認めて米ソ関係が改善すれば、それは可能なはずだ。フルシチョフはこのように考えていた。とりわけ彼が望んだのが、後で見るベルリン問題と、核実験禁止を中心とした軍備管理問題に関する米ソ合意であった。

アメリカの「核の傘」

冷戦期の米ソは同盟国の防衛にも核戦力を用いようとした。一般的に「核の傘」とよばれる、核保有国が同盟国に提供する核抑止力のことを国際政治学の用語で「拡大抑止」という。自国の核抑止力を他国にも「拡大」して提供するという意味である。

大量報復戦略を採用していたアイゼンハワー政権は、ソ連の核兵器や産業中枢を標的とする「戦略核兵器」に加えて、戦場で敵の戦闘部隊に使用する小型の「戦術核兵器」の開発を進め、東西対立の最前線に位置する西ドイツや韓国の米軍に配備した。

在独米軍には、西ドイツが主権を回復した一九五五年半ばから順次、核兵器が配備されていった。ヨーロッパでは、小型の核兵器を実戦配備することで、東側との戦力格差を相殺することが重要な目的となった。西側に対して東側は、兵員数で大幅な優位を享受していたからだ。また朝鮮戦争が触媒となって、五八年一月には在韓米軍への核兵器配備も開始された。主として北朝鮮、そして部分的には中国とソ連による攻撃を抑止するためである。

核問題に詳しいジャーナリストの太田昌克《おおたまさかつ》が明らかにしたように、日本もまた東アジアにおけるアメリカの核抑止体制の一部に組み込まれていた。米軍部は、五四年から翌年にかけて、日本本土にもNATO諸国と同様の核兵器の常時配備を進めようとしていた。しかし、「ヒロシマ・ナガサキ」を経験した日本の反核世論への影響を憂慮する国務省が反対し、実現しなかった。その代わり、当時アメリカが施政権を保持していた沖縄の米軍には戦術核兵器の配備が進んだ。有事に際して、沖縄の戦術核兵器は日本本土に空輸され、三沢《みさわ》（青森県）や横田《よこた》（東京都）の基地で米軍の戦闘機に搭載されることになっていた。

さらに五三年秋からは、核兵器を搭載した米軍の艦船（洋上艦および潜水艦）の日本寄港も始まった。核搭載船を東アジアの海域に展開して、東側に対する核抑止力とする目的であった。艦船の日本領海の通過や日本の港湾への寄港は、五〇年代後半から六〇年代にかけて常態化していった。

こうした措置は、アイゼンハワー政権の大量報復戦略のもとで、朝鮮半島や台湾の有事への対応を想定したものであった。日本には、アメリカの「核の傘」がさしかけられていたただけではなかった。日本自体がアメリカの「核の傘」の骨組の一部となっていたのだ。しかし、拡大抑止をめぐるアメリカと同盟国の関係は五〇年代半ばに重要な岐路にさしかかる。

「拡大抑止の信頼性」をめぐる同盟内政治

先述した「核の手詰まり」状況は、超大国間のみならず、アメリカと同盟国の関係にも大きな影響をもたらした。それが「拡大抑止の信頼性」をめぐる問題である。ソ連が同盟国を攻撃した場合、米本土が核攻撃に曝されるリスクを冒してでもアメリカは同盟国を防衛してくれるのか――つまりアメリカの拡大抑止は信頼できるのか――が同盟内部で問われるようになったのだ。そしてアメリカの指導者たちは、アメリカの信頼性が失われれば、同盟国が独自の核抑止力を保有して西側同盟から離反するのではないかと恐れるようになった。

西側同盟国のうち、イギリスは、一九四七年には原爆開発を決定していた。それは東地中海や中東におけるソ連の脅威に対抗し、また、米ソ間の「第三勢力」（第2章）としての軍事的基盤を確保するためのものであった。イギリスは、五二年には原爆実験、五七年五月には水爆実験にも成功して米ソに次ぐ第三の核保有国となった。フランスもこれに続き、五四年末から核兵器開発を本格化させていた（第4章）。

最も深刻だったのは西ドイツのケースである。二度の世界大戦を引き起こしたドイツが、核兵器その他の大量破壊兵器を保有することについて他国の忌避感は強かった。第4章で見たように、再軍備にあたって西ドイツが、核・生物・化学兵器を自国内で製造しないことを宣言（ABC誓約）したのはそのためである。

しかし、五六年になるとアデナウアーは、核兵器という巨大な「盾」を確保したアメリカが、ヨーロッパ防衛から撤退するのではないかとの危惧を抱き始める。五六年七月、米軍のトップであるアーサー・ラドフォード統合参謀本部議長が、六〇年までに八〇万人の兵力削減を検討しているという記事がリークされた。その三カ月後に発生したハンガリー危機の際、アメリカは、ハンガリー国民を見捨てるような態度をとった。この時アデナウアーは、西ドイツにも同じことが起こるのではないかと考えた。また、同じ時期に発生したスエズ戦争でも、アメリカは、同盟国である英仏を裏切り、国連ではソ連と共同で英仏に撤兵圧力をかけた（第5章）。こうした一連の経験から、アメリカの「信頼性」に疑いを持ったアデナウアーは、何らかの形で戦術核を確保することをめざすようになったのである。

核拡散問題

他方、同盟国、特に西ドイツの独自核保有への懸念を強めたアメリカは、信頼性を再保証する手段を模索した。その結果、一九五七年一二月のNATO外相会議で採択されたのがN

ATO核備蓄計画である。これはNATO諸国が核兵器の運搬手段（ミサイルや航空機）を保有し、有事の際にはアメリカの管理下にある――つまり、その使用についてアメリカが拒否権を持つ――核爆弾を装着して使用するというものであった。翌五八年には、西ドイツ国防軍に核弾頭搭載可能な巡航ミサイルの配備が開始された。また、イギリス、トルコとイタリアにアメリカの準中距離弾道ミサイルが配備されることも決定された。なお、このトルコのミサイルが、後述するキューバ・ミサイル危機で重要な意味を持つことになる。

さらにアメリカは、核兵器拡散を防ぐための手をもう一つ打ち始めた。核兵器開発に必要な核実験を禁止する条約の締結である。そこに潜在的な核保有国を含めて可能な限り多くの国を参加させて核保有国の増加を抑え、同時に、米ソ間での核軍拡競争を緩和することがめざされたのだ。

核拡散問題、とりわけ西ドイツの核保有を警戒していたのはソ連も同じであった。核兵器を持った西ドイツが、その威を借りてドイツ分断を覆そうとしたらどうするのか。それゆえソ連は、五五年一〇月には核保有国として初めて核実験禁止を提案し、その後も、繰り返しヨーロッパ非核地帯の設置を提案した。また、核実験禁止合意は、対米緊張緩和をめざすフルシチョフの政策とも合致していた。

このように見れば、核兵器の拡散防止について米ソ間には潜在的な利害の一致があったといえる。五八年一〇月には、すでに核保有国であった米英ソの間で核実験禁止交渉が始まった。三国は核実験の自発的停止措置（モラトリアム）も実施した。これ以降、核実験禁止交渉は、次節で見るベルリン危機の間も続いていくことになる。

ここまで見てきたように、五〇年代半ば以降、核兵器をめぐる国際環境は大きく変化し始めた。それは拡大抑止の信頼性や核兵器拡散をめぐる問題となって、NATO諸国間の関係を大きく揺さぶった。そして、同じような同盟の揺らぎは日米間でも見られたのである。

日米安全保障条約の改定

一九五〇年代後半には、五一年に締結された日米安全保障条約（旧条約）の改定が日米間での懸案になった。旧条約の締結にあたって吉田首相が、米軍への基地提供と引き換えに、アメリカの対日防衛確保をめざしたことは第３章で述べたとおりである。この旧条約では、アメリカは日本が提供した基地を、日本の安全に寄与するために使用「できる」とされているだけであった。そのため、アメリカ側には日本防衛義務がないにもかかわらず、日本側にはアメリカに基地提供の義務がある旧条約は、「片務的」で不平等だという批判が日本国内では強かった。

五五年の訪米の際、鳩山内閣の重光外相は旧条約の改定を提案した。日米の安全保障関係をより対等なものとすることで、国内の左派勢力の批判をかわし、かつ、日本を真の意味で独立国家とすることを重光はめざした。しかしダレスはこれに取り合おうともしなかった。

だが、その三年後、安保改定に向けて動きを起こしたのはアメリカの方であった。この時までに日本は、いわゆる朝鮮戦争特需で経済的に大きく復興し、ソ連とも国交を回復して国連加盟国にもなっていた。にもかかわらず、「不平等」な旧条約を維持し続ければ、日本はアメリカから離れ、最終的には中ソに接近するのではないか。こうした懸念をアメリカ側は抱くようになっていた。

五七年一〇月のスプートニク打ち上げは、アメリカの危惧をさらに強めた。スプートニクは日本社会にも大きな「ショック」を与えていた。その直後の国会で社会党の浅沼稲次郎《あさぬまいねじろう》委員長は、日本は「自主独立の外交を貫く」べきだと強く主張した。すでに五六年ごろから沖縄では反米軍基地・反米闘争が盛んになっており、本土でも米軍基地をめぐる問題が多数発生していた。その代表的なものが、五七年一月、群馬県の演習場で米兵が使用した銃の薬莢《やっきょう》を拾っていた日本人農婦が米兵に射殺された「ジラード事件」である。安保条約を改定して日米間の対等性を高め、日本人のナショナリズムを満足させることで、日本との同盟関係を維持する。こうした目的を持ってアメリカは、岸信介首相に安保条約改定を提案したのである。

五八年一〇月に始まり一年以上続いた交渉の末、六〇年一月、新しい条約が締結された。新条約では、アメリカの日本防衛義務と日本の基地提供義務の両方が明記された。また、基地の提供について明記した第六条をもとに「交換公文」という文書が交わされ、旧条約にはなかった「事前協議制」も設けられた。新条約は旧条約の「不平等性」を一定程度修正するものとなった。

しかし、その一方で安保改定は日本国内で大規模な反対運動を引き起こした。六〇年五月に衆議院で新条約が強行採決されると、安保反対と岸政権の打倒を訴えるデモやストライキが続発した。岸首相は六月半ばに予定されていたアイゼンハワー大統領の訪日中止を余儀なくされる。この安保条約と、日本の国内政治や世論の間にあった緊張関係こそが、いわゆる「密約」問題の背景にはあった。「密約」問題は、日米二国間の関係のみならず、五〇年代後半の西側同盟に共通する問題を映し出すものだったといえる。

「密約」とは何だったのか

新条約で設けられた事前協議制とは、米軍の日本での「配置」や「装備」に「重要な変更」がなされる場合、また、日本が提供した基地から「戦闘作戦行動」が行われる場合、アメリカ政府は日本政府に事前に相談しなければならないというものである。安保条約反対派は、事前協議なしに在日米軍が軍事行動を行えば、日本は望まない戦争に巻き込まれると批判していた。事前協議制によって日本は、アメリカの基地使用に対する発言権を確保し、日本を拠点とするアメリカの軍事行動を拒否することが制度上は可能となった。

しかし、こうした日本政府の公式見解とは異なる、日米両政府間の秘密の合意事項――「密約」――が存在しているのではないか。国会やマスメディアは、現在に至るまで繰り返しこの問題を問うてきた。この「密約」問題は（一）核兵器を搭載した米軍艦船の日本への寄港と、（二）朝鮮半島有事の際に、在韓国連軍（事実上は米軍）が攻撃され、在日米軍が出撃する場合の事前協議という、二つの論点をめぐるものであった。

まず一つ目についてみてみよう。新安保条約を批准する一九六〇年の国会審議において、日本政府は、核搭載艦船の日本入港は事前協議の対象となるとの立場を示していた。しかし、実際には、この政府の立場と矛盾する合意があったことを示す文書が作成されていた。前述した「交換公文」の内容について日米政府間でなされた議論の「討議記録」という秘密文書である。

すでに見たように、五〇年代中ごろから日本は、アメリカの核抑止体制に組み込まれており、旧条約のもとでアメリカの艦船は、核兵器の有無を明らかにせずに日本の領海を通過し、港湾に寄港できた。そして、この「討議記録」では、事前協議制は米艦船の通過や寄港に関する「現行の手続きに影響を与えない」とされていた。つまりこの文書は、これまでと同じく、事前協議なしで通過・寄港可とすると両国が合意した可能性を示唆していたのだ。

また、二つ目の朝鮮半島有事について日米両政府は、非公開の「朝鮮議事録」とよばれる文書を取り交わしていた。アメリカ政府は、休戦状態にある朝鮮半島で戦闘が再開された場合、在日米軍が即座に対応する必要があるとして、事前協議の対象外とするよう強く求めていた。この文書は、アメリカ側の要請に日本側が応じたものであった。

なお、米軍艦船の寄港をめぐる第一の「密約」の性質については、専門家の間でもまだ議論がある。また、第8章で言及する、沖縄施政権返還の際の核兵器をめぐる「密約」など、日米間に存在した「密約」がこの二つだけではなかったことも指摘されている。だが、重要なのは、こうした一連の「密約」が冷戦史のなかで何を意味していたかであろう。

この点について、先に紹介した太田昌克は、「密約」とは「同盟管理政策」であったと喝破する。アメリカにとって「密約」とは「日本人にとって極めてデリケートな核兵器の問題を秘密裏に扱うことによって、軍事的に欠かせぬ措置を可能にする同盟管理上の装置」であり、日本政府にとっては、核兵器や安全保障をめぐる「政局の混乱を回避しながら、『核の傘』を提供する庇護者」であるアメリカの「軍事的な要求を満たすことを可能にする、政治的な装置」であったというのだ。

つまり密約とは、日米両政府の安全保障上の必要性と、日本の世論や国内政治との間に存在した矛盾が、日米同盟にもたらした揺らぎを抑えるためのものであった。すでに見たように、拡大抑止をめぐる同盟の揺らぎの問題は五〇年代後半のNATOにも見られた。この時期のNATOと日米同盟は、共通の課題に直面していたのだ。

拡大抑止のあり方をめぐって、五〇年代末のNATOと日米同盟は大きく揺らいでいた。だが、同盟が揺らいでいたのは西側だけではなかった。この後見る第二次台湾海峡危機のあたりから、中ソ同盟は崩壊への道筋を歩み始める。東西双方で主要な同盟が揺らいでいたのだ。そして、この同盟の動揺が、続くベルリン・キューバ危機における米ソの行動を大きく左右することになる。

2　東西二つの危機

毛沢東の金門島砲撃

一九五五年に一旦収束した台湾海峡危機は、五八年八月に中国が金門島への砲撃を再開したことで再燃した。第4章で見たように、このころまでに毛沢東は内政・外交の両面で、より急進的な姿勢をとるようになっていた。フルシチョフはこうした毛沢東の態度に懸念を強めていた。五八年夏にフルシチョフは、ソ連の軍事協力提案に激怒した毛沢東を慰撫するため訪中した（第4章）。この間、毛沢東は台湾への砲撃について協議していない。フルシチョフが金門島砲撃のニュースを聞いたのは、モスクワに戻ってすぐのことであった。

毛沢東はなぜ第二次台湾海峡危機を引き起こしたのか。歴史家は様々な見解を提示しているが、毛沢東の急進化がその一因であることでは意見が一致している。具体的には、イデオロギー的な立場を急進化させた毛沢東が、ソ連の「平和共存」路線や、中国を従属的な立場に置こうとする態度に反発していたこと、また、中国経済の急速な発展をめざす「大躍進」の実現に向けて、強硬な対外政策により大衆を鼓舞しようとしていたこと、さらには、台湾に対するアメリカの防衛関与の意思がどの程度のものか見極めようとしていたこと、などが指摘されている。

ただし、金門島攻撃に際して毛沢東は、アメリカとの直接対決を避けるため慎重に行動していた。この点はアイゼンハワーも同じであった。彼は、スプートニク後に揺らぎ始めたアメリカの信頼性と、沿岸諸島防衛にあたる国府軍の士気を維持するため、金門島防衛に関与する姿勢を明確にした。だが、台湾本土はともかく、それほど重要ではない沿岸諸島をめぐって朝鮮戦争の二の舞を演じることは避けたかった。そのためアイゼンハワーは、軍首脳やダレスが国府防衛のために核兵器を使用する可能性を勧告しても、拒絶し続けた。

ソ連も公には同盟国として中国を支持する姿勢を打ち出していた。しかし、実際には台湾海峡危機がエスカレートし、アメリカとの戦争に巻き込まれることを恐れていた。フルシチョフが、ソ連は中国に拡大抑止を提供しており、中国の立場を支持するという書簡をアイゼンハワーに送ったのは、九月初め――アメリカの対応を慎重に見極めた後――のことであった。さらにソ連は、台湾問題解決のための国際会議開催を中国側に提案している。つまり、停戦に応じるよう中国側に圧力をかけたのだ。国連などでも停戦を求める声は高まっていた。結局、ソ連や国際社会の圧力に曝され、アメリカの強硬な態度の前に金門・馬祖《ばそ》解放は不可能と悟った中国は、一〇月に入って砲撃を中止した。

中ソ同盟の崩壊

まだ世界には知られていなかったが、第二次台湾海峡危機の後、中ソ関係は悪化の一途をたどった。危機が沈静化したことでフルシチョフは胸をなで下ろしたはずだ。しかし、この経験から、毛沢東の行動は予測不能という懸念は強まった。一九五九年六月にフルシチョフが、中国に対する原爆開発支援を一方的に破棄したのはそのためである。他方、台湾海峡危機におけるソ連の対応は、中国側の不信感を強めていた。ソ連の核開発支援取り下げは、すでに中国が開始していた独自の核兵器開発を後押ししただけであった。

その二ヵ月後の八月末、国境未画定地域をめぐって中国とインドの間で武力衝突が発生した。この時、ソ連は中立的な態度を示し、それは同盟国である中国の目には裏切り行為と映ったはずだ。また、後述するようにフルシチョフは、九月にソ連の指導者として初めてアメリカの地を訪れた。アイゼンハワーとの会談でフルシチョフは、米ソ緊張緩和の必要性を強調したが、これに中国は強く反発する。毛沢東は、「帝国主義国家」を訪問したフルシチョフの行動を、正統な共産主義の教義から逸脱するものと見たのだ。加えて、第4章で見たように、両国は中国の大躍進政策の評価をめぐっても対立していた。

様々な問題をめぐる不和が相まって、五九年の末までに毛沢東は、いずれ中ソ同盟を終わらせることを決意したという。同年一〇月に訪中したフルシチョフに、中国の高官たちは侮蔑的な態度をとった。また、六〇年六月にルーマニアの首都ブカレストで開かれた共産党・労働者党国際会議に参加した中国代表団は、フルシチョフの対外政策を強く批判した。これにソ連は、一ヵ月以内に中国からソ連の技術者をすべて引き上げることで対応した。

こうした五〇年代末の中ソの軋轢が明るみに出るのは、ようやく六三年になってからである。だが、世界が気づいていないだけで、六〇年までに中ソ同盟は事実上崩壊していた。第二次台湾海峡危機は、東西関係を悪化させただけでなく、中ソ関係の分岐点でもあった（第11章で見るように次の中ソ首脳会談は約三〇年後の八九年である）。さらにヨーロッパでも危機は発生する。その引き金を引いたのは台湾海峡で中国の行動を抑制しようとしたフルシチョフその人であった。

フルシチョフの最後通牒

第二次世界大戦の終結からすでに一三年が経過した一九五八年になっても、依然としてベルリンは米英仏ソの占領下に置かれていた。第4章で見たように、五四年パリ諸協定に基づいてNATO諸国は、西ドイツ主導のドイツ再統一を支持し、東ドイツを国家承認しようとはしなかった。他方、ソ連にとって東ドイツは、いまや安全保障の要となっていた。それゆえフルシチョフは、西側諸国に東ドイツを承認させ、政治・経済的に安定化させることを望んでいた。だが、フルシチョフの望みとは裏腹に、東ドイツは脆弱なままであった。

建国後、東西二つのドイツ国家は対照的な道をたどった。五〇年代に西ドイツが急速な経済復興を遂げた一方で、東ドイツは経済的に停滞した。こうした状況に絶望した多くの東ドイツ市民、とりわけ知識人や高い技術・技能を持った人々が東ベルリンから西ベルリンに入り、そこから西ドイツへと逃げ出した。この「頭脳流出」が、さらに東ドイツ経済に大きな影響を与えたことから、その解決はソ連にとって喫緊の課題となっていく。

五八年一一月二七日、フルシチョフは西側に最後通牒を突きつけた。彼は、米英仏に対して西ベルリンを非武装の「自由都市」とする――つまり、西側の占領軍が撤退する――こと、そして六カ月以内に、東西二つのドイツ、もしくは再統一されたドイツと平和条約を締結することを提案した。そして西側がこれに応じなければ、ソ連は東ドイツと単独で平和条約を締結すると発表した。四八年のベルリン封鎖危機（第3章）の時のスターリンと同じく、フルシチョフは、西ベルリンに圧力をかけることで、西側を交渉に引きずり込もうとしたのだ。

アイゼンハワーは、必要ならば核兵器を用いてでも西ベルリンにおける西側の地位を守る姿勢を示した。アメリカの圧倒的な核戦力の前にソ連は引き下がらざるを得ないと予想していたからだ。何よりも、西ドイツ核保有への懸念がもたれるなか、重要な同盟国である西ドイツに拡大抑止の信頼性を示さなければならなかった。

その一方でアメリカは、交渉による危機解決の可能性も排除してはいなかった。五九年二月に西側は、米英仏ソ四カ国外相会談を提案している。戦争回避を求めていたベルギーなど、NATO中小国の政府と世論を味方につけ、ソ連に最後通牒取り下げの口実を与えるためであった。

アメリカよりもさらに柔軟な立場をとったのが、イギリスのハロルド・マクミラン首相である。交渉によって危機を解決すること、また、その仲介役を担うことでマクミランは――五〇年代半ばにチャーチルが試みたように――大国イギリスの地位を誇示したいと考えてもいた。マクミランは、五九年二月末から三月にかけて訪ソし、フルシチョフと会談した。

他方、アデナウアーはソ連との交渉そのものに反対していた。核戦争を恐れた米英がソ連と取引し、ドイツ再統一という西ドイツの利益を損なうことを恐れたのだ。興味深いのは、歴史的にドイツの脅威を最も感じていたフランスが西ドイツを支持したことである。この時フランス外交を主導していたのは、五八年六月に政権復帰したばかりのド・ゴールであった。彼の懸念は、米英が譲歩した結果、西ドイツが離反してソ連に接近することであった。ド・ゴールは、西ドイツを西側に――それがたとえフランスだけだったとしても――引きとめるために対ソ強硬姿勢をとったのである。

パリ首脳会談の流会

一九五九年五月、ジュネーブで米英仏ソ四ヵ国外相会談が始まった。だが、会談は一ヵ月も経たないうちに行き詰まる。この状況を打開したのが米ソ首脳会談である。

七月にフルシチョフはアイゼンハワーから招待状を受け取った。実のところこれは、アメリカ政府内での政策調整の失敗から、誤って発出されたものであった。だがフルシチョフはこれを受け入れ、九月にはソ連の指導者として初めてアメリカを訪問した。大統領の公式別荘キャンプ・デービッドでの首脳会談で、フルシチョフはベルリンに関する最後通牒を取り下げた。さらに米ソ首脳は、米英仏ソ四カ国首脳会談の開催と、アイゼンハワーの訪ソについても合意することができた。

東西首脳会談は六〇年五月一六日にパリで開催される運びとなった。しかし五月一日にアメリカのU2偵察機がソ連領内で撃墜されたことで流れは大きく変わる。四大国の首脳はフランスの大統領官邸であるエリゼ宮で一旦は顔を合わせた。だが、ここでフルシチョフがU2によるソ連領空侵犯の謝罪を要求し、アイゼンハワーが拒否したことで五年ぶりの東西首脳会談は流会に追い込まれた。大統領のソ連への招待も取り下げられた。こうして東西緊張緩和という課題はアメリカの次期大統領に引き継がれることになる。

3　ケネディとフルシチョフの対決

再燃するベルリン危機

一九六一年一月にジョン・F・ケネディが大統領に就任した時、アメリカは世界各地で多くの問題に直面していた。第5章で触れたように、就任早々、ケネディはピッグス湾事件という蹉跌を経験した。この経験からケネディは、フルシチョフが「新大統領は弱い政治指導者だ」との印象を持ったのではないかと懸念するようになる。

六一年六月初め、ケネディとフルシチョフはウィーンで相まみえた。米ソがベルリン問題で合意する余地はなかった。そこでケネディは、ベルリン問題を棚上げにし、核実験禁止問題で合意することを望んでいた。だがフルシチョフは、六一年末を期限として再度ベルリン問題の解決を要求する。「弱い指導者」という像を打ち消すべく、ケネディは、西ベルリンを断固守り抜くという姿勢を堅持した。激しい議論が二日間続いた後、ケネディは次の言葉で会談を締めくくる。「寒い冬になりそうですね」。

帰国したケネディはすぐにベルリン政策の再検討を命じた。政府内で重視されたのは、ソ連が有利な立場にある西ベルリンをいかに防衛するかであった。政府内部での議論を経て、七月二五日、ケネディは全米に向けたテレビ演説を行った。そしてここで、ベルリン危機に備えるため大規模な通常軍備拡張を行うことを発表した。

モスクワのフルシチョフは東ドイツからの圧力に直面していた。ウィーン会談後、東ドイツからの人口流出は一気に加速した。そのため東ドイツの指導者ヴァルター・ウルブリヒトは、東西ベルリンの境界を閉鎖するようフルシチョフに強く迫った。フルシチョフはこれを受け入れ、八月一三日深夜、東ドイツの官憲は東西ベルリンの境界を有刺鉄線で塞ぎ始めた。それは次第にコンクリートの壁へと変わっていき、東西分断を象徴する「ベルリンの壁」になっていった。

夏から秋にかけて緊張はさらに高まった。八月末にソ連は、五八年から自発的に中断していた核実験を再開した。九月から一一月にかけて実施された実験は五九回にのぼり、一〇月末には「ツァーリ・ボンバ（爆弾の皇帝）」として知られる、史上最大規模の五〇メガトン爆弾の実験も行われた。対抗措置をとることを迫られたケネディ政権は、一〇月半ば、アメリカの戦略核戦力は大幅な対ソ優位にあるという事実を公表し、六二年春に核実験を再開する決断を下した。米ソ間では核を用いた威嚇の応酬が続いたのである。

米ソ交渉の背景

緊張が高まった一方で、一九六一年九月からは米ソの接触も始まった。七月二五日の演説でケネディは、対決も辞さないとの姿勢とともに、交渉を通じた危機の平和的解決の余地があることも示していた。そこにはいくつかの理由があった。

まず懸念されたのはNATO諸国の態度である。ケネディ演説後、アメリカは、すべてのNATO加盟国に大規模な軍備拡張を要請していた。ベルリン危機に備えるためである。対ソ強硬論を唱える独仏については特に問題はなかった。しかし、ソ連との交渉を求めていたイギリスはこれに応じなかった。また、カナダ、ベルギー、オランダといったNATO小国がイギリスに追随することも危惧された。それゆえ、ベルリン防衛に必要な通常兵力の拡充を同盟国に受け入れさせるためには、交渉の用意があることを示す必要があった。

非同盟諸国をはじめとする第三世界の動向も、アメリカにとって気がかりであった。前章で見たように、六〇年に国連加盟国は九九カ国となっていた。そのため、反植民地主義――すなわち反西側――の立場をとる第三世界諸国が東側諸国とともに、ベルリン問題について西側に批判的な総会決議を採択することが恐れられた。九月にはユーゴスラヴィアのベオグラードで非同盟諸国首脳会議が、またニューヨークでも国連総会が開催される予定であり、ここでベルリン問題に関して西側を批判するような決議が採択されて、国際世論を大きく左右する可能性も危惧された。

つまり、軍拡に対するイギリスやNATO中小国の支持を獲得し、第三世界を反西側的な方向へと追いやらないためには、交渉で危機を解決する姿勢を示さなければならないとケネディは判断したのだ。また、交渉提案には、ソ連に最後通牒取り下げの口実を与える意味もあった。

フルシチョフは、西側内部や第三世界との関係でアメリカが直面していた弱みを理解していた。ケネディ演説以降、ソ連が「ベルリン問題で強硬な立場をとるアメリカこそ、平和への脅威である」という宣伝を強化したのはそのためである。八月末に核実験を再開したのも偶然ではなかっただろう。非同盟諸国会議や国連総会の直前に緊張を高めることで、西側に対ソ譲歩を求める第三世界の圧力を強化しようとしたのだ。フルシチョフ自身も対米交渉を望んでいたから、交渉を有利に運ぶための国際環境を作る意味もあっただろう。結局、一〇月にソ連は最後通牒を取り下げ、六二年一月からは米ソ交渉が始まった。

ここまで見てきたように、ベルリンをめぐる危機と交渉は、米ソ関係、米ソと東西ヨーロッパの同盟関係、そして脱植民地化と新興国の台頭という、三つの潮流が交錯するなかで展開された。その後六二年三月にアメリカ側が妥協案を提示し、ソ連も好意的に反応したため、アメリカ政府内では交渉妥結への期待が高まった。しかし、翌月、西ドイツのメディアに米提案がリークされ、交渉は頓挫する。意に染まない米ソの合意を、一方的に押しつけられることを恐れた西ドイツ政府のなかから意図的に情報が漏洩されたようだ。結局、六二年夏までに米ソ交渉は完全な袋小路に陥った。この時すでにフルシチョフは、キューバに核ミサイルを配備するという大きな決断を下していたのである。

フルシチョフの決断

フルシチョフがキューバへのミサイル配備を決心したのは、一九六二年春ごろのことである。フルシチョフがソ連から遠く離れたキューバにミサイルを配備した理由について、歴史家は様々に議論してきた。論争は危機から六〇年が経過した現在も続いているが、次の二つが一番大きな理由だったと考えられる。

一つ目はアメリカのキューバ侵攻を抑止することである。ピッグス湾事件後、ケネディ政権はカストロ政権打倒に力を入れた。CIAを中心に「マングース作戦」という暗号名の秘密作戦が展開され、反カストロ運動の扇動や経済インフラの破壊工作などがキューバ国内で実施された。しかし、根強い人気を誇るカストロ政権の転覆には、どこかの段階で軍事力の行使が不可欠だとの判断から、六二年春からはキューバ空爆と侵攻に関する作戦計画の立案が進められた。こうした状況下、アメリカがキューバに侵攻する可能性が高いと考えたフルシチョフは、キューバへのミサイル配備によってアメリカの軍事行動を抑止しようとしたのである。

二つ目の理由は、核戦力、特にICBMでの対米劣位を是正することである。五九年以来、ソ連は新型ICBMの開発を進めていたが、六二年初めまでに配備されていた新型R－16型ICBMはわずか一基であった。R－16は、アメリカが六二年末までに二〇〇基配備予定であった、新型ICBM「ミニットマン」に性能面でも及ばなかった。一方、ソ連は、キューバからであればアメリカ本土を直接攻撃可能な、中距離弾道ミサイル（IRBM：射程約四〇〇〇キロメートル）および準中距離弾道ミサイル（MRBM：射程一九〇〇キロメートル）の保有数には余裕があった。フルシチョフは、安上がりに、手っ取り早く核戦力の格差を縮め

キューバ・ミサイル危機

出典：青野利彦『「危機の年」の冷戦と同盟』153頁をもとに作成

るために、キューバにミサイルを配備することにしたのである。

さらにフルシチョフは核戦力のバランスを回復させて、交渉が行き詰まっていたベルリン問題や核実験禁止問題でアメリカに譲歩を求めるつもりであったとの指摘もある。いずれにせよ、フルシチョフは、キューバのミサイルという一つの石で何羽もの鳥を一度に打ち落とそうとしていたといえる。

六二年夏に始まったミサイル基地建設は極秘のうちに進

められ、秋には完成する予定だった。フルシチョフは、基地が完成した後、突如世界に公表するつもりであった。アメリカのU2偵察機が、建設中の基地を発見したのはその直前、一〇月一四日のことであった。

4　キューバ・ミサイル危機とその余波

世界を震撼させた一三日間

ケネディがミサイルに関する報告を受けたのは一〇月一六日の朝であった。ここから、一三日間にわたって世界を震撼させた危機が始まる。すぐにケネディは最高執行委員会（エクスコム）とよばれた極秘会議を招集して対応を協議した。エクスコムでは、大きく次の三つの選択肢が検討された。（一）対抗措置をとらずに基地を容認する。（二）キューバ周辺の海域を米海軍で封鎖し、さらなるミサイルの搬入を阻止すると同時に、基地を撤去するようソ連側に圧力をかける。（三）空爆・侵攻といった軍事行動によって直接的に基地を破壊する。

約一週間にわたる検討の結果、ケネディが選択したのは（二）であった。ミサイル基地を容認すれば、ケネディのキューバ政策に対して共和党の批判が強まるだけでなく、今後、ソ連がさらに危険な行動に出たり、同盟国に対する「拡大抑止の信頼性」を失う恐れがあった。

しかし、だからといって軍事行動をとれば、西側が軍事的に不利な状況にある西ベルリンやトルコでソ連が報復する可能性がある。その場合には、西半球のキューバにおけるアメリカの無分別な行動が、ヨーロッパのNATO諸国を巻き込んだとして、同盟国からの強い批判に曝されかねない。最悪の場合には、ソ連が米本土を核攻撃する可能性もあった。

つまり、ケネディにとってのキューバ危機は、米ソ核戦争の危機であったと同時に、ベルリンをめぐる危機であり、米・NATO諸国間の同盟危機でもあった。こうした複合的な性質を持つ危機に直面したケネディが、中間策を選んだのは、多面的なリスクを最小化するためであった。

一〇月二二日夕方のテレビ演説でケネディは、ミサイル配備の事実と政府の対応策を公表した。その二日後、アメリカ海軍はカリブ海で封鎖作戦を実施し、国連では米ソ両国による外交戦が展開される。

事態が動いたのは二六日夜のことである。この日午前の公開書簡でフルシチョフはケネディに、(A) キューバに侵攻しないと宣言し、(B) トルコに配備した準中距離弾道ミサイル・ジュピターを撤去すれば、ソ連もキューバからミサイルを撤去すると伝えていた。この最初の提案でソ連は、ベルリン問題での譲歩を要求していない。それゆえ、アメリカの利益だけを考えれば、これは妥当な取引案であった。しかし、南北アメリカのみが射程に入るキューバのミサイルを撤去するために、NATO同盟国のトルコを防衛するミサイルを放棄すれば、同盟国に対する拡大抑止の信頼性を失いかねない。とはいえ、ベルリンやトルコ、米本土に対してソ連が報復し、全面核戦争へとエスカレートする可能性を考えれば、軍事行動のリスクも高かった。

こうしたジレンマに直面したケネディは、ソ連と秘密裏に取引することを決断する。二七日夜、ケネディは（A）のみに応じる用意がある旨の公開書簡をフルシチョフに送った。これがアメリカ政府の正式な立場である。だが、他方でケネディは、実弟のロバート・ケネディ司法長官をひそかにソ連大使館に派遣し、ソ連がミサイル撤去に応じれば、アメリカはNATOでトルコのミサイル基地撤去手続きを進めるという提案を行った。核戦争を防ぎつつ、同盟国への信頼性を維持するため、ケネディはソ連側に秘密の譲歩を行うと伝えたのだ。

モスクワのフルシチョフは、翌二八日、側近を招集した。ミサイルの撤去を決断した彼は、それを発表する政府声明文の口述を始めた。そこに駐米ソ連大使から、ロバートとの会談に関する報告が届いた。その日、ソ連政府はミサイル撤去を声明し、危機は収束した。

核戦争の可能性はあったのか

冷戦期に最も核戦争に近づいたといわれるキューバ危機は、核戦争の勃発を恐れた米ソ双方が譲歩したことで幕が引かれた。しかし、このことは核戦争の危険性がなかったことを意味するものではない。多くの研究が、米ソ双方の誤認や誤算、また偶発的な事態による核戦争の可能性があったことを示している。

ソ連はアメリカ本土を射程に収める弾道ミサイルだけでなく、より射程の短い戦術核ミサイルと巡航ミサイル、それに装着する核弾頭もキューバに配備していた。これは、米軍がキューバに侵攻した場合に、米軍やキューバ領内のグアンタナモ米海軍基地に対して使用することを想定したものだった。

フルシチョフが、これらの核兵器の使用権限を現地のソ連軍司令官に与えていたかについては歴史家の間でも議論がある。しかし、もしケネディが侵攻作戦を実施していれば、こうした小型核兵器――とはいえ、広島、長崎の原爆と同程度の爆発力を持つものも多かった――が使用された可能性は否定できない。アメリカの指導者たちは、危機当時はこの点を重視しておらず、冷戦後に、戦術核兵器の存在を知ったロバート・マクナマラ元国防長官は「驚愕《きょうがく》」したという。

なお、ジャーナリストのマイケル・ドブズの著作によれば、危機発生時にキューバに到着していた核弾頭の種類と数は次のようなものであったという。

弾道ミサイル用一メガトン弾頭：六〇発

巡航ミサイル用一四キロトン弾頭：八〇発
爆撃機用一二キロトン弾頭：六発
戦術核兵器用二キロトン弾頭：一二発

そのすべてが実戦で使用可能な状態にあったわけではないが、単純計算すれば、計一五八発、約六一メガトンの爆発力を持つ核弾頭が当時のキューバには存在していた。広島に投下された原爆の核爆発力は約一五キロトンであったから、キューバには広島原爆の四〇〇〇発以上に相当する核爆弾があったと考えられる。

また、最も緊張感が高かった一〇月二六日には、カリフォルニア州ヴァンデンバーグ空軍基地から試験用ＩＣＢＭが発射されるという事態が発生した。以前から予定されていた試験が、キューバ危機が発生したにもかかわらず、予定どおり実施されたのである。しかも、アメリカ政府首脳は事態をまったく把握していなかった。この事件は、ソ連が、試験用ＩＣＢＭをアメリカの先制核攻撃と見なして、報復攻撃に出た可能性があったことを示している。

さらに、翌一〇月二七日の午前には、北極上空の大気汚染状態を調べるため、アラスカの米空軍基地から飛び立ったＵ２偵察機が誤ってシベリアのソ連領空内に侵入するという事態も発生した。このＵ２機は、約一時間にわたってソ連領空内を飛行し、ソ連空軍基地からは戦闘機がスクランブル発進、アラスカの米軍基地からもＵ２機護衛のために戦闘機が発進した。しかも、この米軍の戦闘機は空対空核ミサイルを装備していた。

キューバ危機のさなか「防衛準備段階Ⅲ」とよばれる高度警戒体制下にあったこの米軍機は、核兵器を積んだソ連の戦略爆撃機が米本土に侵入した場合、これをアメリカの領土外で確実に破壊するため、小型核ミサイルを搭載していた。すなわち、シベリア上空の空中戦で核兵器が使用され、全面核戦争へとつながった可能性もあったのだ（なお、対ソ核攻撃で中心的な役割を果たす戦略航空軍団〔SAC〕の警戒態勢は、一段階高い「防衛準備段階Ⅱ」に置かれていた）。

では核兵器は、キューバ危機においてどのような役割を果たしたのか。全面核戦争の可能性に直面したケネディとフルシチョフが、慎重かつ自制的な外交行動をとったことが危機の解決、すなわち核戦争の回避につながったことは否定できない。しかし、その一方で、アイゼンハワー政権末期からケネディ政権期にかけて、米ソ間で核軍拡競争が続き、両国が核による威嚇を繰り返して緊張を高めたことが、危機の背景にはあった。

そして、キューバ危機のさなかに起きていたいくつかの事件は、米ソの指導者が事態を完全には把握・制御できていなかったことを示している。相手の意図・能力の読み誤りや、政治指導者が制御しきれない巨大な政府組織や軍部の行動から偶発的な事件が発生し、それが連鎖して核戦争をもたらす可能性があったのだ。このように見れば、キューバ危機が核戦争に至らなかったのは、政治指導者の賢明な行動の結果でもあるが、単に人類が幸運だったからでもあった。

危機後の米ソ関係

キューバ危機で核戦争の瀬戸際を経験した米ソ両国は、その後、危機の再発を防止するため緊張緩和を模索していった。

危機の経験から米ソ首脳は、核戦争へのエスカレーションを防ぐためには直接的なコミュニケーションの手段が必要だと実感した。一九六三年六月、ホワイトハウスとクレムリンの間に直接通信回線を設置するホットライン協定が締結される。また核軍拡競争を制限するため、八月に米英ソ三国が、大気圏、水中、そして宇宙空間での核実験を禁止する部分的核実験禁止条約（PTBT）に調印したこともよく知られている。

軍備の開発、配備、実験、移動など、様々な形で軍備を制限することで国際関係を安定化させる方策を「軍備管理」という。これは、現存する軍備の削減を意味する「軍縮」とは異なる概念だが、核兵器の問題を考えるうえでは最も重要な概念の一つである。PTBTは、史上初めて締結された核軍備管理合意であり、非常に大きな成果であった。

だが、核実験禁止交渉は決してスムーズに進んだわけではない。ソ連がキューバにミサイルを配備しようとしたことで、ソ連に対するアメリカの不信感は増大していた。そのため、アメリカ側は、ソ連側が秘密理に核実験を実施していないか検証するための立入査察を強く要求した。これにソ連側は、アメリカがソ連領内でのスパイ活動の口実とする恐れがあるとして反発する。そのため六三年初めから始まった交渉は、春までには完全に行き詰まった。さらに問題を複雑にしたのが東西双方の同盟国の態度である。

西側同盟の分裂

キューバ危機後、米ソが交渉の対象としたのはホットライン協定と核実験禁止問題だけではなかった。ベルリン問題や核不拡散合意、ＮＡＴＯ・ワルシャワ条約機構間の不可侵協定など、アメリカ政府内部で「より広範な問題」とよばれたいくつかの争点についても議論がなされていたのである。とりわけアメリカが核実験禁止問題とともに期待をかけていたのが核不拡散合意だった。

すでに見たようにアメリカは、核不拡散、特に西ドイツの核保有を防止するために一九五八年から核実験禁止問題に取り組んできたが、六三年までには中国がその対象に加わっていた。ソ連が中国の原爆開発支援から撤退した後、中国は独自に核開発を進めていた。アメリカの情報部は中国について、六四年から六五年にかけて最初の核実験を行うことが可能にな

アデナウアー（右）とド・ゴール（1963年7月）

るとの見通しを持っていた。また、ケネディ政権も中国を危険視するようになっていた。キューバ危機さなかの六二年一〇月二〇日、中国が再びインドを攻撃したからである。

　しかし米ソ交渉をめぐってNATO諸国の態度は分裂していた。イギリスはキューバ危機の収束が東西緊張緩和につながることに期待していたが、独仏はそうではなかった。両国の懸念は、「より広範な問題」で米ソが合意した結果、将来のドイツ再統一の可能性が閉ざされ、西ドイツの地位が核兵器を持たない「二流国」に固定されることであった。アデナウアーにそれを受け入れる余地はなかった。またド・ゴールは、米ソが西欧諸国の利害を考慮しないまま関係を改善し、超大国がヨーロッパで「共同支配体制」を構築することを恐れていた。

　そこで独仏は対抗措置をとるべく連携していく。六三年一月、ド・ゴールとアデナウアーはエリゼ宮で独仏友好条約（エリゼ条約）を締結した。仇敵であった両国は関係強化によって、接近する米ソを牽制しようとしたのだ。

独仏「枢軸」を形成するかのような動きは、ケネディ政権に強い危惧をもたらした。そこでアメリカは、西ドイツに対するフランスの影響力を切り崩すため、NATO核兵器の運用に西ドイツの参加を可能にする、「多角的核戦力（MLF）構想」を推進して対独関係の強化を図った。これは弾道ミサイルを配備した洋上艦をNATOの指揮下に置き、NATO各国からの兵員を混成して配置するというものであった。独自の核兵器を保有する英仏と近い地位を同盟内で与えることで、西ドイツをアメリカの側に引き寄せようとしたのである。

西ドイツ国内でも、対米関係を重視する勢力が巻き返しに出た。その結果、六三年五月、西ドイツ連邦議会はNATOの重要性を明記する前文をエリゼ条約に挿入することを決定した。これは同条約を実質的に骨抜きにするものであった。さらに一〇月には親米派のルートヴィッヒ・エアハルトがアデナウアーの後継者に選出される。

他方でケネディは、ソ連との交渉に際して西ドイツに配慮せざるを得なかった。いくら米ソ間での緊張が緩和したからといって、当面、冷戦が続くことは疑い得ない。だとすれば最も重要な同盟国である西ドイツとの関係を完全に損なうことはできない。そこで、アメリカは、西ドイツの利害が絡む「より広範な問題」についてはソ連との合意をあきらめ、ホットライン協定やPTBTといった米ソ二国間で合意可能な問題に交渉の軸足を移したのである。

中ソ対立の影響

ソ連もまた同盟内部の問題に直面していた。すでに見たように、公にはなっていないものの、一九六〇年までに中ソ同盟は崩壊していた。キューバ危機後、中国はソ連をさらに激しく批判するようになっていた。「帝国主義者」アメリカとの関係改善に向かうソ連は、正統なマルクス・レーニン主義から逸脱した「修正主義」だというのである。それでもソ連は、六三年初めから対中関係の修復に乗り出した。ソ連国内における共産党支配の正統性を支え、東側陣営の結束を維持するためには、見せかけだけでも中国との「和解」が必要であった。六三年二月、ソ連は、モスクワでの中ソ協議開催を提案する。

毛沢東はすぐにこれを受け入れたが、実のところ、ソ連との関係修復など求めてはいなかった。彼の目論見は、中ソ論争を利用して、中国共産党内部において自身のイデオロギー的立場を強化することにあった。当然、中国のソ連批判は鳴りやまない。中ソ協議に望みをつないでいたフルシチョフは、アメリカに非妥協的な態度をとり続けるしかなかった。それゆえ米ソ交渉は行き詰まったままとなる。

米ソ交渉が動き始めたのは六三年六月のことである。六月初めに中国は、再度、ソ連を激しく批判する公開書簡を送付した。これで堪忍袋の尾が切れたフルシチョフは、米英首脳特使の受け入れを発表した。他方、前述したように、その直前の五月には、エリゼ条約も骨抜きにされていた。つまり、米ソいずれもが同盟内の問題にある程度方をつけ、米ソ二国で合意可能な問題に集中したことで、ＰＴＢＴ締結への道は開かれたのである。

ケネディの死、フルシチョフの退場

一九六三年七月にモスクワでは二つの交渉が行われ、正反対の結末を迎えた。その一つ、中ソ協議はすぐに決裂し、両国の対立は公のものとなった。他方、米英ソはＰＴＢＴの調印に成功した。地下核実験を許容するＰＴＢＴにより、米ソは有人査察をめぐる対立を回避することができたのである。

米ソの望みどおり、西ドイツはＰＴＢＴに参加した。ただしアメリカは「東西ドイツがＰＴＢＴに同時参加しても、東ドイツを法的承認したことにはならない」と念押しして、西ドイツを説得しなければならなかった。中国とフランスは、自国の核兵器開発を困難にするＰＴＢＴには参加しなかった。ＰＴＢＴ締結後も核拡散問題は続いていくのである。

その後、一〇月に米ソは、宇宙空間への大量破壊兵器設置を禁止する国連決議の採択で協力し、貿易や文化交流についても合意した。これらもまた、米ソ二国のみで合意可能な問題であった。この時期、ケネディは長年の親友である駐米イギリス大使に、訪ソを望んでいる

と伝えていた。おそらく彼は、六四年の大統領選で再選した後に訪ソするつもりだったのだろう。だが、その思いは果たされなかった。一一月、ケネディはテキサス州ダラスで暗殺された。

一年後の六四年一〇月にはフルシチョフが失脚した。ソ連共産党の同志たちは数多くの罪状や誤りを糾弾し、彼を権力の座から追い落とした。そのなかにはキューバへのミサイル配備という、冒険主義的な決定も含まれていた。

その後も米ソは二国間での合意を積み重ねていった。ケネディの後を受けて副大統領から昇格したリンドン・B・ジョンソンと、ソ連の新指導者となったレオニード・ブレジネフのもと、両国は、民間航空協定や領事館協定など数多くの協定を締結した。ジョンソン退任までに締結された協定の数は、三三年の米ソ国交樹立から約三〇年で締結されたそれよりも多かった。しかし、これは米ソ対立の終わりを意味するものではなかった。次章で見るように米ソ核軍拡競争は六〇年代を通じて続く。さらにアメリカは、ベトナムの沼地に足をとられていくのである。

写真出典一覧

p.15　TopFoto/アフロ

p.85　Bundesarchiv, Bild 183-B0527-0001-753 / CC-BY-SA 3.0: Wikimedia Commons

p.131　Fortepan adományozó HOFBAUER RÓBERT / CC-BY-SA 3.0: Wikimedia Commons

p.162　西日本新聞／共同通信イメージズ

p.177　AP/アフロ

p.256　Bundesarchiv, B 145 Bild-F015892-0010 / Ludwig Wegmann / CC-BY-SA 3.0: Wikimedia Commons

*上記以外の写真はパブリック・ドメイン

1957	1月：日本でジラード事件発生。3月：ローマ条約調印。5月：イギリス、水爆実験成功。10月：ソ連、人工衛星スプートニク打ち上げ成功／ソ連、中国への原爆開発支援へ。12月：NATO核備蓄計画採択。
1958	1月：欧州経済共同体（EEC）、欧州原子力共同体（ユーラトム）設立：5月：毛沢東が大躍進運動開始。7月：フルシチョフ訪中（～8月）。8月：第二次台湾海峡危機発生。10月：米英ソ、核実験自発的停止（モラトリアム）と核実験禁止交渉開始。11月：ベルリン危機勃発。
1959	1月：キューバ革命。6月：ソ連、対中原爆開発支援を破棄。8月：中印国境紛争。9月：フルシチョフ訪米。
1960	1月：日米安保条約改定。2月：フランス、原爆実験成功。5月：U2偵察機撃墜事件が発生、米英仏ソ首脳会談（パリ）が流会。6月：中国が共産党国際会議（ブカレスト）でソ連批判。12月：アメリカ、単一統合作戦計画（SIOP）採択／カストロ、社会主義陣営との連帯姿勢を示す／南ベトナム解放民族戦線結成。
1961	1月：ケネディ政権成立。4月：ピッグス湾事件。5月：朴正熙政権成立。6月：米ソ首脳会談（ウィーン）／日米首脳会談（ケネディ＝池田）。7月：北朝鮮、ソ連・中国とそれぞれ同盟条約を締結。8月：ベルリンの壁建設開始／ソ連核実験再開。9月：非同盟諸国首脳会議（ベオグラード）。
1962	10月：キューバ・ミサイル危機／中印国境紛争再発。
1963	1月：独仏友好条約（エリゼ条約）調印。6月：米ソ、ホットライン協定締結。7月：中ソ協議（モスクワ）決裂。8月：米英ソ、部分的核実験禁止条約締結／ド・ゴール、ベトナム中立化提案。10月：アデナウアー退陣、エアハルト政権成立。11月：南ベトナムでゴ・ジン・ジエム政権崩壊／ケネディ暗殺。
1964	4月：ルーマニア労働者党「独立宣言」発表。8月：トンキン湾事件。10月：フルシチョフ失脚、ブレジネフが指導者に／中国、原爆実験成功。12月：国連貿易開発会議（UNCTAD）発足。77カ国グループ（G77）結成。

	月：大韓民国（韓国）建国。9月：朝鮮民主主義人民共和国（北朝鮮）建国。
1949	1月：経済相互援助会議（コメコン）設立。4月：北大西洋条約調印、北大西洋条約機構（NATO）設立へ。5月：ドイツ連邦共和国（西ドイツ）建国。6月：毛沢東が「向ソ一辺倒」をとなえる論文発表。8月：ソ連原爆実験成功。10月：中華人民共和国（中国）建国／ドイツ民主共和国（東ドイツ）建国。11月：アジアの革命勢力支援を打ち出す「劉少奇テーゼ」演説。12月：国府が台湾移動。
1950	1月：アチソン国務長官「不後退防衛線」演説／トルーマン、水爆開発を命令。／中ソが北ベトナム承認。2月：中ソ友好同盟相互援助条約締結。4月：アメリカ、NSC68提出。5月：アメリカ、インドシナ戦争での対仏支援開始。6月：朝鮮戦争勃発。10月：中国が朝鮮戦争参戦。
1951	4月：ヨーロッパ石炭鉄鋼共同体（ECSC）条約締結。5月：イラン石油国有化。8月：米比相互防衛条約締結。9月：ANZUS条約締結／サンフランシスコ講和条約・日米安全保障条約締結。
1952	3月：ソ連「スターリン・ノート」提案。11月：アメリカ、水爆実験成功。
1953	1月：アイゼンハワー大統領就任。3月：スターリン死去、ソ連は集団指導体制へ。4月：日米通商航海条約締結。7月：朝鮮戦争休戦。8月：ソ連、マレンコフ首相が「平和共存」演説／ソ連、水爆実験成功／イラン・クーデタ。10月：米韓相互防衛条約締結。
1954	3月：第五福竜丸事件。6月：アメリカ、グアテマラ秘密作戦実施。7月：インドシナ休戦協定締結／日本で防衛庁・自衛隊発足。8月：フランス議会がヨーロッパ防衛共同体（EDC）条約批准拒否。9月：東南アジア条約機構（SEATO）設立／第一次台湾海峡危機発生。10月：西ドイツ再軍備に関するパリ諸協定締結。12月：米華相互防衛条約締結。
1955	4月：第一回アジア・アフリカ会議（バンドン会議）開催。5月：オーストリア国家条約締結／西ドイツNATO加盟／ワルシャワ条約機構設立。7月：ジュネーブ東西首脳会談。9月：西ドイツ＝ソ連国交回復。11月：フルシチョフ訪印。12月：西ドイツ、「ハルシュタイン・ドクトリン」発表。
1956	2月：ソ連共産党第20回党大会でフルシチョフがスターリン批判。6月：ポズナニ（ポーランド）で暴動。7月：ナーセル、スエズ運河会社国有化宣言。8月：北朝鮮八月宗派事件。10月：日ソ共同宣言発表／スエズ戦争／ハンガリー動乱（～11月）。

冷戦史（上）関連年表

年	月と出来事
1776	7月：アメリカ独立宣言（1783年9月：独立達成）。
1848	2月：マルクス、エンゲルス『共産党宣言』発表。
1917	4月：アメリカ、第一次世界大戦参戦。11月：ロシア十月革命
1918	1月：ウィルソン、一四カ条発表。
1919	1月：パリ講和会議開催。3月：共産主義インターナショナル（コミンテルン）結成。
1929	10月：ニューヨーク株式市場暴落、世界恐慌へ。
1937	7月：日中戦争勃発。
1939	9月：独ソがポーランド侵攻、第二次世界大戦勃発。
1940	6月：ドイツがパリ占領。
1941	3月：アメリカ、武器貸与法成立。6月：独ソ戦開始。8月：ローズヴェルトとチャーチル、大西洋憲章発表。12月：真珠湾攻撃、日独が対米開戦へ。
1942	1月：連合国共同宣言発表。
1943	9月：イタリア、無条件降伏受け入れ。11月：米英ソ首脳がテヘランで会談。
1944	7月：ブレトンウッズ会議開催。8月：ダンバートン・オークス会議（～10月）。10月：チャーチルがスターリンにパーセンテージ協定提案。
1945	2月：ヤルタ会談。4月：ローズヴェルト死去、トルーマン大統領就任。5月：ドイツ降伏。6月：国連憲章採択。7月：ポツダム会談（～8月）。8月：広島・長崎に原爆投下／ソ連対日参戦／日本、ポツダム宣言受諾／インドネシア独立戦争開始／ソ連、原爆開発指令。9月：ベトナム独立宣言／米ソ、朝鮮半島の南北分割占領開始。12月：モスクワ外相理事会。
1946	2月：ケナンが長文電報発出。3月：チャーチル「鉄のカーテン」演説。12月：国共内戦全面化／第一次インドシナ戦争勃発。
1947	1月：ベルリンで米英占領地区統合。3月：「トルーマン・ドクトリン」演説。6月：マーシャル・プラン発表。8月：インド・パキスタン独立。9月：共産党・労働者党情報局（コミンフォルム）設立。10月：第一次印パ戦争。
1948	2月：チェコスロヴァキアでクーデタ発生。3月：英仏ベネルクスがブリュッセル条約調印。6月：ベルリン封鎖危機開始（～49年5月）／ユーゴスラヴィアがコミンフォルムから追放。8

青野利彦（あおの・としひこ）

1973年，広島県生まれ．96年，一橋大学社会学部卒業．98年，一橋大学大学院法学研究科修士課程修了．2007年，カリフォルニア大学サンタ・バーバラ校歴史学研究科博士課程修了，Ph.D.（歴史学）．一橋大学大学院法学研究科専任講師，同准教授などを経て19年より同教授．
著書『「危機の年」の冷戦と同盟』（有斐閣，2012年）
『冷戦史を問いなおす』（共編著，ミネルヴァ書房，2015年）
『国際政治史』（共著，有斐閣，2018年）
『現代アメリカ政治外交史』（共編著，ミネルヴァ書房，2020年）
など．

冷戦史《れいせんし》（上）
中公新書 *2781*

2023年12月25日発行

著　者　青野利彦
発行者　安部順一

本文印刷　暁印刷
カバー印刷　大熊整美堂
製　本　小泉製本

発行所　中央公論新社
〒100-8152
東京都千代田区大手町1-7-1
電話　販売 03-5299-1730
　　　編集 03-5299-1830
URL https://www.chuko.co.jp/

Published by CHUOKORON-SHINSHA, INC.
Printed in Japan　ISBN978-4-12-102781-8 C1222

中公新書刊行のことば

一九六二年一一月

いまからちょうど五世紀まえ、グーテンベルクが近代印刷術を発明したとき、書物の大量生産は潜在的可能性を獲得し、いまからちょうど一世紀まえ、世界のおもな文明国で義務教育制度が採用されたとき、書物の大量需要の潜在性が形成された。この二つの潜在性がはげしく現実化したのが現代である。

いまや、書物によって視野を拡大し、変りゆく世界に豊かに対応しようとする強い要求を私たちは抑えることができない。この要求にこたえる義務を、今日の書物は背負っている。だが、その義務は、たんに専門的知識の通俗化をはかることによって果たされるものでもなく、通俗的好奇心にうったえて、いたずらに発行部数の巨大さを誇ることによって果たされるものでもない。現代を真摯に生きようとする読者に、真に知るに価いする知識だけを選びだして提供すること、これが中公新書の最大の目標である。

私たちは、知識として錯覚しているものによってしばしば動かされ、裏切られる。私たちは、作為によってあたえられた知識のうえに生きることがあまりに多く、ゆるぎない事実を通して思索することがあまりにすくない。中公新書が、その一貫した特色として自らに課すものは、この事実のみの持つ無条件の説得力を発揮させることである。現代にあらたな意味を投げかけるべく待機している過去の歴史的事実もまた、中公新書によって数多く発掘されるであろう。

中公新書は、現代を自らの眼で見つめようとする、逞しい知的な読者の活力となることを欲している。

世界史

中公新書

現代史

f2

中公新書

政治・法律

h2

108 国際政治（改版） 高坂正堯
1686 国際政治とは何か 中西　寛
2190 国際秩序 細谷雄一
1899 国連の政治力学 北岡伸一
2574 戦争とは何か 多湖　淳
2652 戦争はいかに終結したか 千々和泰明
2697 戦後日本の安全保障 千々和泰明
2621 リベラルとは何か 田中拓道
2410 ポピュリズムとは何か 水島治郎
2207 平和主義とは何か 松元雅和
2576 内戦と和平 東　大作
2195 入門 人間の安全保障（増補版） 長　有紀枝
2394 難民問題 墓田　桂
2629 ロヒンギャ危機―「民族浄化」の真相 中西嘉宏
2133 文化と外交 渡辺　靖
113 日本の外交 入江　昭
1000 新・日本の外交 入江　昭
2402 現代日本外交史 宮城大蔵
2611 アメリカの政党政治 岡山　裕
1272 アメリカ海兵隊 野中郁次郎
2650 米中対立 佐橋　亮
2405 欧州複合危機 遠藤　乾
2568 中国の行動原理 益尾知佐子
2734 新興国は世界を変えるか 恒川惠市
700 戦略的思考とは何か（改版） 岡崎久彦
2215 戦略論の名著 野中郁次郎編著
721 地政学入門（改版） 曽村保信
2566 海の地政学 竹田いさみ
2722 陰謀論 秦　正樹
2532 シンクタンクとは何か 船橋洋一